总主编 ◎ 楼宇烈

中｜华｜优｜秀｜传｜统｜文｜化｜经｜典｜丛｜书

了凡四训

（明）袁了凡　著　◎　齐善鸿　李彦敏　解读

台海出版社

图书在版编目（CIP）数据

了凡四训 /（明）袁了凡著；齐善鸿，李彦敏解读
. -- 北京：台海出版社，2023.9（2024.7重印）
（中华优秀传统文化经典丛书 / 楼宇烈总主编）
ISBN 978-7-5168-3629-3

Ⅰ.①了… Ⅱ.①袁… ②齐… ③李… Ⅲ.①《了凡四训》 Ⅳ.① B823.1

中国国家版本馆 CIP 数据核字（2023）第155986号

了凡四训

解　　读：齐善鸿　李彦敏

出 版 人：蔡　旭　　　　　　　　　责任编辑：俞滟荣
策　　划：善品堂藏书

出版发行：台海出版社
地　　址：北京市东城区景山东街 20 号　　　邮政编码：100009
电　　话：010-64041652（发行，邮购）
传　　真：010-84045799（总编室）
网　　址：www.taimeng.org.cn/thcbs/default.htm
E - ma i l：thcbs@126.com

经　　销：全国各地新华书店

本书如有破损、缺页、装订错误，请与本社联系调换

开　　本：889 毫米 ×1194 毫米　　　1/32
字　　数：255 千字　　　　　　　　印　　张：11.6875
版　　次：2023 年 9 月第 1 版　　　　印　　次：2024 年 7 月第 2 次印刷
书　　号：ISBN 978-7-5168-3629-3

定　　价：86.00 元

中华优秀传统文化经典丛书

编委会秘书处

何德益　江　力　于　始　邹德金

出版缘起

文化是一个国家、一个民族的灵魂。泱泱华夏，五千年文明历史所孕育的中华优秀传统文化，是中华民族生生不息、发展壮大的丰厚土壤。

党的十八大以来，以习近平同志为核心的党中央高度重视中华优秀传统文化的传承与发展。2013年11月26日，习近平总书记在山东曲阜孔府和孔子研究院考察时强调："要大力弘扬中国传统文化。"2022年6月8日，习近平总书记在四川眉山三苏祠考察时指出："要善于从中华优秀传统文化中汲取治国理政的理念和思维。"2017年1月，中共中央办公厅、国务院办公厅印发《关于实施中华优秀传统文化传承发展工程的意见》，系统部署传承发展中华优秀传统文化的战略任务，把传承中华优秀传统文化提升到新的历史高度。2022 年 4 月，中共中央办公厅、国务院办公厅印发《关于推进新时代古籍工作的意见》，明确指出，要完善古籍工作体系、提升古籍工作质量，"挖掘古籍时代价值"，"促进古籍有效利用"，"做好古籍普及传播"。

中华传统文化是中华民族的"根"与"魂"。文化兴则国家兴，文化强则民族强。没有高度的文化自信，没有文化的繁荣兴盛，就没有中华民族的伟大复兴。党的十九届六中全会强调，要"推动中华优秀传统文化创造性转化，创新性发展"。为适应全民阅读、共读经典的时代需求，我们组织出版《中华优秀传统文化经典丛书》，以展示古籍研究领域的成果，推广、普及中华优秀传统文化经典，传承、弘扬中华优秀传统文化，提振当代中国人的文化自信。

激活经典，熔古铸今。丛书精选中华优秀传统文化经典，既选取广为人知的历史沉淀下来的传世经典，也增选极具价值但多部大型丛书未曾选入的珍稀出土文献（如诸多竹简、帛书典籍），充分展示中华传统文化的历史脉络与宏富多元。丛书由众多学识渊博的专家学者担任编委，遴选各领域杰出研究者与传承人担任解读（或译注）作者，切实保证作品品质。

丛书定位为中华优秀传统文化经典普及读物，力求能让广大读者亲近经典、阅读经典，充分领略和感受中华优秀传统文化的魅力，并从中获益。为此，解读者（或译注者）以当代价值需求为切入点解读古代典籍，全方位解决古文存在的难读难解、难以亲近的问题，让中华优秀传统文化贴近现实生活，走进人们的心中，最大限度地发挥以文化人的作用。

"问渠那得清如许？为有源头活水来。"博大精深的中华文化源远流长，五千年文脉绵延不绝，中华优秀传统文化是中华儿女奋发图强、继往开来、实现民族伟大复兴的强大精神来源。"洒扫应对，莫非学问。"读者诸君若能常读经典、读好经典，真正把传统文化的精义、真髓切实融入生活和工作，那各位的知与行也一定能让生活充满希望，让工作点亮未来，让国家昌盛，让世界更美好！

丛书编委会

2022 年 6 月 9 日

前　言

在人生所有问题中，命运，也许是最令人百思不得其解的。

看起来，似乎智商高的人，好像命运应该更好一些，但现实中却有不少的高智商者，人生中屡屡受挫，让人疑惑不已。

看起来，似乎很善良的人，好像命运应该有好报，但现实中的命运似乎总是在戏弄人，看起来善良的人却总是遭遇小人与恶人的欺辱。

忙碌之余，很多人也在思考命运的奥秘。可是，即使你学了科学的专业，但思考命运问题你可能还是外行。学了一点文化，面对着变幻莫测的命运，似乎也常常感到难以把控。

我们也知道，凡是存在的，肯定有其规律。在各种各样的现象中，规律一方面表现为与事物本身的特性直接相关，于是天地间有各式各样的事物，就有了各式各样的规律。但另一方面，各式各样的事物和相应的各式各样的规律，背后的根底上又隐藏着几乎相同的规律。

人的命运，就是世间的一种存在，也是一种很特殊的存在。因此，命运既呈现出了其独特的规律，同时，这些独特的背后又隐藏着与世间万物共同的规律。这两种规律的浑然一体，就构成了人生命运的独到学问。

古往今来，试图掌控命运规律的大有人在，可成功做到的人却少之又少。世间能够掌控自己命运规律的人，基本上都是中华文化的修士。因为博大精深的中华文化中，就蕴含着人生命运的秘密。

明朝有个叫袁黄（号了凡）的先生，因生命中的奇缘，并受了世间修行高人的指点，掌握了命运的规律，进而运用这些规律改变了自己的命运。后来，他将自己改变命运的过程总结了出来，以此来教育自己的儿子，这就是《了凡四训》。再后来，因为这本书涉及许许多多的人都关注的命运问题，随之流传开来，帮助不少的人走上了改变命运的道路。也正因为这本书对改变人生命运的独到价值，因此被誉为"中国第一善书"，受到了后世许多人的追捧。众多人的人生实践证明，《了凡四训》实在是一本不可多得的好书。读了这本书，自然是有益于世道人心，改变社会风气，更重要的是能够帮助人们避免欲望膨胀所导致的人生惨剧，助推人生命运走向圣贤巅峰。

袁黄先生（1533—1606 年），出生于嘉善县魏塘镇，初名表，后改名黄，字庆远，又字坤仪、仪甫，初号学海，后改了凡，后人常以其号了凡称之。袁了凡是明朝重要思想家，是迄今所知中国第一位具名的善书作者。他的《了凡四训》融汇了中华文化经典之精粹，将儒释道三家智慧运用于改变命运的思考与行动中。《了凡四训》可谓是为世间的人提供"改命"秘籍的一部宝典！

几十年前，我曾经沉迷于学习科学。通过学习科学，让我探索周围这个神秘的世界。但就在这个过程中，心灵也被越来越厚的一层迷雾笼罩着：为何自己的好心好意，却常常惹来那么多说不清楚的结果？我本是个人，但为何有时会出现兽性发作的状态？在那个还不流行学习国学的年代，经我命中贵人的指点，结缘了《了凡四训》。

对于我这样一个学习科学的人来说，开始阅读《了凡四训》时，并没有给我太多的惊喜，因为书中所讲的改变命运的道理看似很简单，似乎对我的智力也构不成什么挑战。但莫名其妙的是，无数次拿起这本书，又无数次放下这本书。渐渐地，就有了一个重要的发现：立命，内求，说起来容易，但做起来很难。向内求，我能求到什么呢？改过吗？我并不认为都是我自己的错，但我也改变不了别人。积善，我并不反对，但也没有认真地去做。至于说谦虚，我连骄傲的本钱都没有，还谈什么谦虚呢？

虽然有上述这样一些浅陋的认知，但渐渐地，"立命内求"这条线，却慢慢变得光明起来，生命中似乎也生出了一种很神奇的力量。"改过"，也终于从一些小事开始知道认错，知道道歉，知道去改正。让人惊奇的是，心中却生出了一种莫名其妙的美好。"积善"，虽然没有认真或者刻意地去做什么，但至善上善这样的信念，却在自己的生命中一点点地长大，后来才发现，因为善良力量变得日益强大，自己生命的面积和空间在不断地扩大和扩容。人生中光明的力量，竟然在过去那种感觉起来迷雾重重的人生中，始终能够找到光明的方向。至于说"谦德"，从一开始的装装样子到后来的真诚谦卑，竟然发现各种美好的力量在向着自己的生命汇聚。天哪！原来，这被誉为人间"第一善书"的《了凡四训》，竟然会给生命带来如此重大的改变。我开始信服了，再看这本书时，就能够用心体会了。

对于我这样一个学科学出身的人，走进中华文化这样一个浩瀚的海洋里，总会在那些看起来玄妙的道理面前驻足，甚至紧锁眉头试图看清玄妙背后的玄机。但努力了若干次之后发现，玄机很难参透。但越是无法参透，就越是把我自己代入得更深。逐渐地发现，原来"玄机"是一门科学，是一门跟我们所学习的科学不太一样的科学。到了近十几年，一些过去模糊的感觉，才渐渐变得清晰起来：原来所谓的玄机，就是自己看不透的规律。但越是看不透，就越是想看透它。

于是，就有了几十年无数次翻阅《了凡四训》的奇特经历。

过了五十岁才发现，中华文化中那些难以参透的、比较玄奥的道理，竟然是非常迷人的人生科学。

毫无疑问，每一个时代的人都有他们独到的理解人生和世界的视角。作为成自明朝的《了凡四训》，在视角和表述方式上也具有那个时代的特点。作为当代的我们来说，如何承继圣人的智慧文脉，并将其精髓转化成现代人更容易理解的方式，就成了我们这些学习、研究和修行者的一项重要的任务和光荣的使命。

四年前，在北京经一位老领导的指点，我尝试着用科学的思维与科学的精神来解析《了凡四训》文字背后的奥义。但真正做起来才发现，这项工作极具挑战性，进行的过程也有些艰难。

今年，适逢北京大学楼宇烈教授发起注解中华经典的这项工程，又在与负责出版的何德益先生的闲谈中说到了我与《了凡四训》的特殊缘分以及几十年的阅读感受与经历，最终我又承担了这样一项光荣的任务：解析《了凡四训》这一步人生命运的特殊科学——人生的"命运学"。

我学习国学，纯粹是出于自己生命的需要，并不是组织上分配给我的任务。因此，我的学习过程是边学边悟，边悟边做，边做边突破。正是这样一个出发点和过程，使我所注解的圣贤经典都具有一个很鲜明的特色：绝大部分都来自自己生命和人生的证悟。在这次注解《了凡四训》的过程中，从《了凡四训》一万多字中，解析出了人生命运的 100 道，也是我大都证悟过的人生真理。这十分类似于科学研究的过程，不同的是科学可以通过许多外部的工具和事实来证明，而圣贤国学的智慧是需要内观的功夫、勤而行之的意志、将自己的生命和人生作为验证对象的勇气。说白了，就是拿自己作为试验品。只不过因为历史上无数圣贤先哲的亲证，我成了一个很幸运的试验品。

将学习和印证国学智慧中的美好感觉总结出来，让更多有缘的朋友能够受益，这也是自己的一份荣幸。因为，任何时候，任何一个人都不可能独活或者在独活中活好，在帮助别人的时候，同时也是在提升自己。这样的一个过程，充满了美好和美妙。

当然，我们当代人还有另外一份非常重要的责任与使命。这就是：通过学习和亲证，要将祖宗的智慧承接过来，然后再传承下去，并在这一过程中体现出"亲历性继承，创新性发展"的原则。之所以特别强调亲历和亲证，也是为了避免使用我们旁观的视角去评析古人的智慧。因为历史的经验教训一再证明，没有亲历亲证的过程，我们这些所谓的科学工作者，就可能会误解、错解古人的智慧。若是导致这种局面，一方面反映了我们现代人的浅陋，另一方面也无法做好传承的工作。这也算是我在近四十年学习和研究国学中的一个重要的经验和教训吧。

　　谨此！

齐善鸿

南开大学商学院教授、博士生导师

天津市社会科学研究院客座研究员

老子道学文化研究会副会长

2022 年 9 月 9 日于南开园

目　录

原序摘要

古来无数人众，大都被气数所拘，自己作不得主张。惟大善之人，气数[1]拘他不得，所谓至人[2]有造命诀也。

[注释]

1 气数：气运，命运。

2 至人：道德修养非常高超的人。

[译文]

自古以来，无数的人，大多被命运所束缚，自己作不得主张。唯有大善之人，才不会被所谓的命运所束缚，所谓至人有改造命运的要诀啊！

[命运漫议之一]

唯大善达至人，方可以重新塑造自己的命运。正在行恶之人，已经选择了并正在制造厄运。

《了凡四训》，举世皆知为改造命运之宝典。有大福报之人一得此书，自能悉心庄诵，百读不厌，由解起行。于是，转病为健，转穷为达，转罪为福，转凡为圣。以之淑身，尽人可以成圣贤；以之淑世，举世可消灾障。此自度度人之方便门也！

[译文]

《了凡四训》，世间所有的人都知道，这是改造命运之宝典。有大福报的人，天生好德，所以一得到此书，就能悉心念诵，百读不厌，并且由理解而力行。于是，转病为健，转穷为达，转罪为福，转凡为圣。用《了凡四训》来改善自己，自己完全可以成为圣贤；用《了凡四训》来改善社会，整个社会都可以除消灾障。这是自度度人最切实有效的门径啊！

[命运漫议之二]

改造命运，需要能量、方向与方法。天生好德，可得改造命运的宝典！

想改命运，缺乏能量，方向方法错误，眼睛盯着阴霾，读的只是会令欲望膨胀之书，却没有读道行德性提升之书，那是没有希望的！

［命运漫议之三］

转变命运的本质，不是在世俗模式中多得利益，而是转凡为圣。明此道者，可转变命运。

千方百计一味谋利而没有转凡为圣者，任何努力都只是在原有命运泥潭中徘徊和挣扎。若是在此模式下得大利者，即是大灾祸！

［命运漫议之四］

命运不是先天确定的，而是可以自己来进行改造的！准确来说就是：既不是先天的，也不是后天的，而是先天加后天，然后就是后天的力道与方法了！

"命运先天决定论"，要么是暂时貌似命运好的人用来愚弄其他人的谎言，要么就是没有找到改变命运正道而陷入迷茫的人自我欺骗的麻醉剂。

立己立群之道在乎此，超生出死之道亦寓乎此。

世有巨眼，决不等闲看过。

有学问人，有志气人，有作为人，有澄清宇宙普利群生宏愿之人，一见此书，莫不欢喜赞扬，逢人劝策[1]，此书之真价值可见一斑[2]矣！

［注释］

1 劝策：劝导勉励。

2 可见一斑：出自《世说新语·方正》："此郎亦管中窥豹，时见一斑。"比喻见到事物的一小部分也能推知事物的整体。

［译文］

成就自己、成就社会之道在于此，超出生死轮回，脱离三界之道亦寓于此。

世间有慧眼之人，决不会等闲看过。

有学问之人，有志气之人，有作为之人，有澄清宇宙普利群生宏愿之人，一见此书，莫不欢喜赞扬，逢人就劝导他读，勉励他行。此书之宝贵价值，即此可见一斑！

［命运漫议之五］

第一法则：意欲获取个人功名与社会成就，皆在于修行。若是不修行而使用其他手段获得功名者，因缺乏内在道德功力支撑，得到的绝非纯福，必有相当的祸端伴随。

第二法则：好命是修出来的，不是求出来的。"神"不在外，而在修行中呈现出"神圣性"。

第三法则：外求"神"者，主观妄念，自我安慰，正在迷途，耽误的是此生改变命运的机会。

第四法则：既不外求也不修行者，等待起伏，迷明交替出现，福祸变幻莫测。

[命运漫议之六]

第一法则：人的精力专注于什么，就是在书写自己的命运。依此，可以观自己和众人的命运路线与轨迹。

第二法则：专注于圣贤智慧、伟人思想、成败总结的人，内心的能量就会不断地增加，自己的命运也会越来越好。

第三法则：专注于无聊的和负面的、忽视或者诋毁伟人思想的、对自己和别人的成败不做认真总结的人，不仅会消耗自己的能量，还会让自己内心充满阴霾。在此状态下，世界就会变得扭曲和肮脏，人生就成了垃圾场。

今之青年，曷尝[1]不志大言大，恢恢[2]乎有澄清宇宙之概[3]，而卒[4]至于无所成就者，本[5]未立耳。

《了凡四训》，诚立身守业治世之大本也！是书现身说法，以实效示人，苟能熟读而力行之，则命自我立，福自我造，举天下无难事矣。

贤人君子，得此一篇，拳拳服膺[6]，由此回转心机，平地辟登云之路。

［注释］

1 曷尝：何尝。

2 恢恢：极其广大，无所不包。

3 概：气概。

4 卒：终于。

5 本：事之根源，根本。

6 拳拳服膺：恭谨地藏于心中。拳拳，诚挚。膺，胸。

［译文］

今日的青年人，何尝不志大言大，有着澄清宇宙的宏大气概，然而最终却无所成就，其原因就是自己的根本未立。

《了凡四训》实在是立身、守业、治世之大根本啊！此书现身说法，以实效示人，如果能熟读而力行，则命由我创，福由我造，天下就没有做不到的事了。

贤人君子，得此一篇，恭谨地藏于胸中，由此而回转自己的用心，就能平地开辟登云之路。

［命运漫议之七］

志大才疏，就是笑话。志大德薄，空喜一场。志大可有大成？就看是否懂得立命的学问！

志高才大，莽撞颠簸。志高德厚，命运美妙。志高而有大成者，必是践行立命之学问！

须知惩恶非大势不能，劝善则匹夫[1]可办。

盖[2]心欲为而头头是道[3]，造之深必处处逢源[4]。

诚能严身作则，苦心宣扬，不费分毫，见功最巨。

[**注释**]

1 匹夫：平民，个人。

2 盖：句首发语词。

3 头头是道：形容言论或措施有条有理，触类旁通；这里是说：四面八方都是路。

4 处处逢源：随时随地都得到支持和帮助。

[**译文**]

要知道，惩恶一定要有大势力才能够做得到，而劝善则人人可行。

由于心欲为善，则头头是道；行到深处，必处处逢源。

如果真能够严身作则，苦心宣扬，则不费分毫之财，而功德最为巨大。

[**命运漫议之八**]

第一法则：惩恶不能断恶，劝人向善，人人善性增加。

第二法则：只要心中有善，人生就会逢凶化吉、遇难成祥。

第三法则：自己能够以身作则，则是人间最不费气力的收益。

　　且乎造福苍生[1]，挽回末劫[2]，乃我人参赞化育[3]之初行，齐家[4]治国之至本。岂可役役[5]名闻[6]，而自甘暴弃[7]乎？

　　况乎劝得一人为圣贤、为菩萨者，终彼之生，所成就之善业，不可计数，所教导之无知，亦不可计数。此皆出于启发之君子，故其功德亦与之平等。较之侥幸于名利而不可必得者，斯为天壤矣[8]！

[注释]

1　苍生：百姓。

2　末劫：末世的劫难。

3　参赞化育：可以赞助天地化育为物。

4　齐家：治家，使其和睦兴盛。《礼记·大学》云："欲治其国者，先齐其家。"

5　役役：劳苦征逐。

6　名闻：名闻利养，即名利。

7　自甘暴弃：心甘情愿地糟蹋抛弃自己。暴，糟蹋，损害。

8　斯为天壤矣：这真是天地悬殊啊！

[译文]

况且造福百姓，挽回末世的劫难，乃是我等参与赞划天地化育的原本德行，治家治国的大根大本。我们怎么可以费尽心机去争名夺利，而不在修身积德、劝人为善上下大功夫？这是在糟蹋自己啊！

何况要是你劝得一人，他后来成了圣贤、菩萨，那么他的一生，所成就之善业，不可计数，所教导的无知之人，亦不可计数。这都是来自启发他的人，故你的功德同他的功德相等。对《了凡四训》，严身作则，苦心宣扬，这与追名逐利而不可必得者相比较，真是天地悬殊啊！

[命运漫议之九]

第一法则：人生最重要的就是借助万事好好修行自己，修身积德和劝人向善，不要在争名夺利中糟蹋自己的生命。

第二法则：劝人向善，以身作则，促进别人的觉悟就是你的功德。你能够随时帮助周围的人向善和觉悟，你的命运是不是就会变好？！这是人生算账的一个方法。

第三法则：所谓贤人或者菩萨，就是对修好自己、助好他人达到一定高度的人的一种称谓，谁做到了，谁就成就了。

第四法则：人们通常在意人间的功名利禄，总以为官职、财富总量是人生成功的标准。实际上，那些只是真正人生成就的"道具"。真正的人生成就是把自己的德性与智慧修到了什么程度，又用此帮助了多少人。想想看，人生所在乎的外部成就是不是由此决定的？！

　　故曰法施[1]最大，愿力[2]莫穷。诸君欲置福田[3]，眼前足下便是。人身难得，现境易失。普愿见者，闻者，共发深心，努力前进。勿任大好机会，从眼前足下飞过也！

[注释]

1 法施：法布施，即为人演说正法传递正能量。

2 愿力：发誓发愿的力量。

3 福田：种福的田地。

[译文]

　　因此说，为人演说正法的功德最大，而誓愿的力量是没有穷尽的。诸君欲修福积德，眼前足下便是机会。人身难得，现境易失。普愿见到、听到《了凡四训》的人，共发深心，努力前进，精进修持，为人演说。不要让这大好机会，从眼前足下飞过啊！

　　[命运漫议之十]

　　第一法则：用正确的思想引领人，用坚定的信念成就人，这才是人生和事业的强大动力。试想，如果一群思想不正确的人在一起，会做出伟大的事业来吗？

第二法则：用物质利益只能进行临时的交易，却不会提升人和造就人。如果亲近的人也是交易性关系，不能同修共进，那只能是临时性的团伙，而不能成为志同道合的灵魂伴侣。

第三法则：为他人引进善书与正道，也是为自己打造美好环境、检验自己心地、验证自己功夫的行动。独善其身，只是无奈之举，只能守住人性底线。自善又能善他，才是个人功力和打造自己人生道场的功夫。

第四法则：不遇困难，不知智慧珍贵；不遇挫折，不知德性是前提。可一旦遭遇困难与挫折，才想起智慧德性的重要，当时的事，为时已晚；但若从人生长远来说，"见兔而顾犬，未为晚也；亡羊而补牢，未为迟也。"。若是不觉不悟，一味重复过去，人生就没有了希望。

然作圣不难，在自明其明德[1]。

[注释]

1 明德：光明正大的自性之德。这是人人本具，但被种种违理情想所锢蔽而不显。

[译文]

然而作圣也不难，只在于彰明自己光明正大的性德。

［命运漫议之十一］

第一法则：实现人生目标的最大难点，不是目标有多困难，而是心中根本就没有目标。不少的人之所以不甘平庸但又落入平庸，关键在于没有找到走出平庸的高端目标。

第二法则：既然圣贤也是人做的，你我就都可以去努力。一旦走上成圣成贤的道路，世俗中的低级目标就会变得容易，也会变得丰满，更会变得安全！

第三法则：很多人虽然偶尔也会想起高端的人生目标，但又由于当前的平庸代价不够高、向高端挺进的信心不坚定或者缺乏可行的具体方法，故而流于"一闪念"。

第四法则：一旦尝到了追求成圣成贤的"甜头"，人生的大方向和目标也就清晰了，就不会再倒退回世俗低级的状态。

欲明其明德，须从格物致知[1]下手。

倘人欲之物，不能极力格除，则本有真知，决难彻底显现。

［注释］

1 格物致知：出自《礼记·大学》："致知在格物，物格而后知至。"摒除人欲之物，而显现自心本有之真知。

［译文］

要彰明自己光明正大的自性之德，必须从"格除人欲之物，而显现自心本有之真知"下手。

倘若人欲之物，不能极力克除，则本有的真知，决难彻底显现。

［命运漫议之十二］

第一法则：要让自己心中有光明的普照，就必须清理垃圾。

第二法则：实际上，人心中的小我小私和小欲，如同灰尘遮蔽了道根之光明。若是小我加上大私大欲，人生则如同失去了控制的火车，只会走向毁灭。

第三法则：实际上，只想利用和获取，却不知、也不去用心深学彻悟万物与人心的规律，再多的努力与忙碌，也是瞎忙。

欲令真知显现，当于日用云为[1]，常起觉照[2]，不使一切违理情想，暂萌于心。

［注释］

1　云为：言论行为。

2　觉照：就是清楚地知道自己当下的念头、情绪是什么。这是转恶为善、转迷为悟、转凡为圣的基本功夫。故祖师大

德常云：于一切时一切处，随身口意有所作业，悉当返观，
了知是心。

[译文]

欲令真知显现，就应当在日用间，起心动念、言语造作
之时，常起觉照。不使一切与理相违的情绪、念头，哪怕是
短暂地萌发于心。

[命运漫议之十三]

第一法则：要想获得人间万事的真知，就要对自己的起
心动念时刻保持觉察心，随时掌控自己内心的念头，杜绝一
切邪念。这一能力，是人生识命改运的第一要件。

第二法则：美好的人生是管理出来的。首先是自我管理，
随时觉照自己的起心动念、言谈举止。当然，关键是要通过
学习圣贤已知人生正误的标准，否则，即使想观照自己，也
找不到镜子。其次，是乐意接受别人的和规律的管理，如此
才可以防止自己任性和失控。最后，若是前两者失守，还有
客观事实、灾难挫折的教化。

第三法则：若是不观照自己，遇事总是责怨别人，那就
走错了道路，越走越黑暗！因为，在现实的人生中，自己才
是一切的根源。若不明此理，未来哪里还会有光明的前途！

第四法则：若能在自我觉照中勇敢下手纠错，加上愿意

接受他人与事实的启示和教化，就能建立起自己人生的光明大道。若是对自己的错误犹豫、侥幸，就会错失一次次的良机！

常使其心，虚明洞彻。如镜当台，随境映现；但照前境，不随境转。妍[1]媸[2]自彼，于我何干？来不豫计[3]，去不留恋。

[**注释**]

1 妍：美。

2 媸（chī）：丑。

3 豫计：预计。

[**译文**]

要常使其心，虚明洞彻，如明镜当台，面前有什么就仅仅是映现它们，而不要被它们牵转。是美是丑是它们自己的事，与我有何干系？来时没有期望等待，去了也没有烦恼留恋。

[**命运漫议之十四**]

第一法则：说起来，人生的一切就像是一场考试，永恒的考题都是一个：面对外界、外物，是你做主而不被牵动和迷惑？还是被外界做主而让自己成为外界外物的奴仆？如此，就有了"主人"与"奴仆"两种不同的命运。孔子说过："君子役物，小人役于物。”

　　第二法则：世间的美丑，并非客观事物的实相，而是因为人的主观价值判断而贴上的标签。若是被自己的主观所迷惑，自然就会陷入迷茫。实际上，相遇的都是有缘的；不管如何相处，对自己都是有特殊使命的。使命没完成，就会纠缠不休。一旦使命完成了，也就走了。因此，来者不拒，细细参悟；去者不追，各有命数。如此才能达观，才能让自己不被绑缚。人生路漫漫，芸芸众生情，相遇即是礼遇！

　　若或违理情想，稍有萌动[1]，即当严以攻治，剿除令尽。如与贼军对敌，不但不使侵我封疆，尚须斩将搴[2]旗，剿灭余党。其制军之法，必须严以自治。毋[3]怠毋荒，克己复礼[4]，主敬存诚[5]。

　　［注释］

　　1　萌动：刚有显露。

　　2　搴（qiān）：夺取。

　　3　毋：不要。

　　4　克己复礼：约束自己的视、听、言、行，使之符合“礼”的要求。

　　5　主敬存诚：外要敬，内要诚。

［译文］

假如违理情想，刚有显露，即当严以攻治，剿除令尽。如同与贼军对敌，不但不让他们侵犯我的疆土，尚须斩将夺旗，剿灭余党，连根铲除。其统帅军队之法，必须严以自治。自己一定要不懈怠、不荒废，约束自己的视、听、言、行，使之符合"礼"的要求，恭敬至诚。

［命运漫议之十五］

第一法则：山贼难治，心贼难防。山贼有形，心贼无形。心贼与山贼，一内一外，相互映衬。遭遇山贼，必是心贼作乱。若想管控自己的命运，就要从防控心贼入手。人生的本质，就是与自己心贼的一场内战！

第二法则：人生如果将全部心思用于与外部的山贼（困难、对手、小人、背叛者等）作战，定无胜算。因为，人生之事，皆是内外两种力量的相互作用。而且，自己的内因还是决定性的。若是不从自身反省入手，出手即偏离了正道。故而，命运之道，关键在自治和治己！

第三法则：管控自己的自治，关键在于治心与治行，修心是一切的功夫根基，重在警惕自我局限、节制自我欲望，心中恪守人间大道。然后，就是外在所表现出来的修为，从神态仪容、言谈举止，看是否表现出了自己的恭敬之心和真诚与虔诚之心。

其器仗 [1] 须用颜子之四勿 [2]，曾子之三省 [3]，蘧伯玉 [4] 之寡过知非 [5]。

[**注释**]

1 器仗：一般指武器。此处借用之意为修行的道器。

2 颜子之四勿：颜子即颜回，孔子的学生。曾问孔子实行仁的途径是什么，子曰："非礼勿视，非礼勿听，非礼勿言，非礼勿动。"

3 曾子之三省：曾子即曾参，孔子的学生。《论语·学而》："曾子曰：'吾日三省吾身：为人谋而不忠乎？与朋友交而不信乎？传不习乎？'"

4 蘧（qú）伯玉：春秋时代卫国的大夫，逐日反省、检点、改过，日复一日，年复一年，无日不发现自己还有过错，无日不痛加改悔。

5 寡过：减少自己的过失；知非：知道自己的过错。

[**译文**]

其修行的道器必须使用"颜子之四勿，曾子之三省，蘧伯玉之寡过知非"。

[**命运漫议之十六**]

第一法则：古之贤圣之人，修行得道皆有善法和道器！

若只是明理而无连续的修行，若是空说修行而无善法，定无修成正果之希望。

第二法则：先贤颜子，颇得孔圣之赏赞。恪守人间"四道"：非礼勿视、非礼勿听、非礼勿言、非礼勿动。如此，保证了自己的心与这个世界的信息沟通的频道，因而不会因为"非礼"而乱心。

第三法则：先贤曾子，得宗师孔圣自省心法，着力在"与人谋——不忠、与友交——不信、传——不习"三个方面，事事、时时对照自己，让自己保持在"忠、信、习"的方向上！当然一旦自省成了熟练的功夫，就会处处、事事、时时反省自己，始终抓住决定一切的那个内在力量不放，持续地优化，持续地提升！

第四法则：先贤蘧伯玉也是大修行者，与孔圣乃是至交，他是卫灵公时著名的贤大夫，也是位道德和操行都非常优秀的君子。日日、时时、事事反思自己的过失，终生不辍。古之"卫地多君子"，蘧伯玉非常贤德，人们十分敬重他，都将蘧伯玉作为卫国君子的代表。一次，卫灵公与夫人南子在宫中夜坐，先听到辚辚的车声，可车声到宫门时却消失了，过了一会儿，辚辚的车声又响起来。卫灵公就问夫人说："你知道刚才过去的人是谁吗？"夫人说："应该是蘧伯玉。"灵公问："你怎么知道是他呢？"南子说："君子是非常注意自己的生活细节的，车走到宫门口时没了声音，那是车的主人让车夫下车，用手扶着车辕慢行，为的是怕车声打扰国君。忠臣和孝子不会在大庭广众之下信誓旦旦，也不会因在黑暗之中没有人能看到而改变自己的操守。蘧伯玉是我们卫国品行端正的大夫，仁而有智，对国家恪尽职守。他不会因为是黑夜，没有人会看见就忘记礼节。"灵公派人去看，果然是蘧伯玉。于是，为后人留下了"不欺暗室"的成语和美谈。蘧公居心端正，坦诚磊落，言行有度，举止有礼。这些美德，一个人在别人能看到他的时候，还是容易做到的；但在别人看不到他的时候，还能保持操守，不改举止，那就不容易做到了。这就是真正的君子，是不欺暗室之人，他们无论在什么时候、什么地点，始终都能做到言行如一，因而让人尊敬。

加以战战兢兢[1]，如临深渊，如履薄冰，与之相对。则军威远振，贼党寒心。惧罹[2]灭种之极戮，冀沾安抚之洪恩。从兹相率投降，归顺至化，尽革先心，聿修厥德[3]。将不出户，兵不血刃，举寇仇皆为赤子[4]，即叛逆悉作良民。上行下效，率土[5]清宁，不动干戈，坐致太平矣。

[**注释**]

1 战战兢兢：形容小心谨慎的样子。

2 罹（lí）：遭受。

3 聿（yù）修厥德：修复其道德。聿，文言助词。厥，其。

4 赤子：初生的婴儿，通常用来譬喻纯洁善良之人。

5 率土：四海之内。率，皆，都。

[**译文**]

加以战战兢兢，如临深渊，如履薄冰，极其谨慎肃整地与贼军、违理情想相对。则军威远振，贼党寒心。他们恐惧会遭到灭种灭族的惨祸，希望得到赦免、招安的洪恩。于是相率投降、归顺，回心转意，洗心革面，重新做人。（按：这里的"贼军"是指违理情想。）于是将不出营门，兵不流血厮杀，所有的寇仇、叛逆都成为善良的百姓。贼党上下相继效仿，通通改邪归正，四海清明宁静，不用打仗，就天下太平了。

[**评注**]

这一段是说，攻治违理情想的关键是：严阵以待，稍有萌动，此刻是歼敌之最佳时机，立即迎头痛击，铲除其根。人之造恶，皆由身、语、意之所为，而身、语又是以意为根，故觉照断恶如伐毒树，直断其根。

[**命运漫议之十七**]

第一法则：说到底，世间的好人坏人，皆是由自己的意念而起！

第二法则：治己、治军乃至治国，皆是自我治理或者协助他人治理心中的恶念。

第三法则：军事行动或者刑罚，即使可以从肉体上消灭敌人或者恶人，但心中之贼是用文化的"文剑"来"斩杀"的。实际上，在每个生命中，"恶"只是"善"的扭曲，是"善"的哀鸣与挣扎。只要揭开"恶"的盖头，就能睹见"善"的真面！世间之人，皆有求生之本能，何人求死？不得生道而误入死路矣！

第四法则：人生就是在百折千回中找到生路，此为"人生"！先悟得此道者，唤醒和帮助尚在迷途的人，这是先悟者的责任与使命。

袁了凡先生训子四篇[1]，文理俱畅，豁[2]人心目，读之自有欣欣向荣，亟[3]欲取法[4]之势[5]，洵[6]淑世良谟[7]也。其"诸恶莫作，众善奉行，命自我立，福自我求"，俾[8]造物不能独擅[9]其权。

[注释]

1 训子四篇：《了凡四训》一书是由明朝袁了凡先生教诫儿子的四篇文章"立命、改过、积善、谦德"所组成。

2 豁：开通，敞亮。

3 亟：急切。

4　取法：效法。

5　势：奋发行动的状态。

6　洵：实在。

7　谟：计划，方针。

8　俾：使。

9　擅：按照自己的意愿来处置。

［译文］

袁了凡先生教诫儿子的四篇文章，文、理都十分流畅，醒人心目，使人读了欣欣向荣，急欲效法实施，实在是济世救人的宝典啊！书中"诸恶莫作，众善奉行，命自我立，福自我求"这一改造命运的原理，能够使我们成为自己命运的主人。

［命运漫议之十八］

第一法则：父子情深，父子同命！为父者，教子为第一要务，这既是个人生命的延续，也是家族民族文脉传承的重大事项。

第二法则："祖亲证，传子孙"，这就是最好的家族和民族传承。

第三法则："诸恶莫作，众善奉行，命自我立，福自我修"！这是多么经典的中华立命改运之大学问啊！

　　第四法则：人生重大问题的解决，往往有一个极简的方法，就是模仿或者效法！前人证过的道，就是我们修行的捷径，省去了许多的摸索！

　　受持功过格[1]，凡举心动念，及所言所行善恶，纤悉皆记，以期善日增而恶日减。初则善恶参杂，久则唯善无恶。故能转无福为有福，转不寿为长寿，转无子孙为多子孙。现生优入圣贤之域，报尽高登极乐之乡；行为世则，言为世法。彼既丈夫[2]，我亦尔[3]，何可自轻而退屈？

　　[注释]

　　1 功过格：登记每日功过的表册，上面列有计算功过的标准。

　　2 丈夫：即"大丈夫"，泛指有志气、有作为、有气节的人，不限男女。

　　3 尔：如此。

　　[译文]

　　了凡先生受持功过格，凡是举心动念，以及所言所行，是善是恶都一丝不苟地记下来，以保证善念、善言、善行日日增长，而恶念、恶言、恶行日日减少。开始时，还是善恶参杂，行持久了，则只有善而没有恶。故他能够转无福为有福，转夭折为长寿，转无子孙为多子孙。活着的时候做贤人、做圣人，临终就会上品往生极乐世界；他的行为是大众的模范，他的言论是世间的法则。了凡先生既然能改造自己的命运而成大丈夫，我也能啊！怎么可以轻视自己或者自卑而退屈呢？

［命运漫议之十九］

第一法则："功过格"，一个修行的道具！善愿、善法、善果，这是一个命运链条。

第二法则：通过"功过格"将自己的内心与言行变成一幅画面，我们就能看到自己灵魂的模样。

第三法则：灵魂变成了图画，似乎就有了灵性，于是就会恶消善长！

第四法则："恶消善长"，生命的内在气象就会发生改变，外在的人生景象也会随之而变，不管是个人心情、家庭氛围、亲人状态、所遇各种人和事的意义，都会变得阳光。人到此时，还需刻意求什么吗？人生的路，是自己的心走出来的！

第五法则：人，是介乎两极的动物状态：一极是那代表正道光明的神圣力量呼唤着我们向上升腾，另一极就是代表着邪道阴暗的魔鬼般力量在向下拉扯。此生不可辜负，唯有向上、向着光明提升，才能悟得人生真谛！了凡先生就是榜样，吾辈定当勤修不辍，万不可自轻自贱，因为人生的本质，就是找到最好的自己！

第一篇　立命之学

［本篇提要］

对于每一个人来说，人生几十载，最核心的问题是：自己的命运到底由什么力量决定？命运的原理到底是什么？要想改变自己的命运，自己应该做什么？

神算认命

了凡先生的命，被精通皇极数的孔公事事算定，二十年来准确无误，所以只好认命，淡然无求。算命，也算是中华文化中的一个奇葩，其所展示的神秘性吸引着无数人。即使没有找人算过命的人，也对自己的命运充满了好奇，也十分希望了解命运的秘密。当然，更加希望能够把控自己人生的命运。

遇孔复学

余童年丧父，老母命弃举业[1]学医，谓："可以养生[2]，可以济人，且习一艺[3]以成名，尔父夙[4]心也。"

［注释］

1 举业：科举时代，读书就是为了考科举，以做官从政；应试的诗文称为举业。

2 养生：维持生活。

3 艺：技艺。这里"一艺"是指医术。

4 夙：素有的。

［译文］

我童年丧父，老母命令我放弃读书而学医，她说："学医可以维持生活，可以救人，况且你能够精通医术而成名于世，这也是你父亲向来的心愿啊。"

［命运第1道］"安排"的"有理"和"无道"

有理：一个童年丧父的男孩，遵母命、遂父愿而学医，既可以救人，也可以为生。孩子尚小，由父母安排一切，似乎也是天经地义。

无道：作为父母，最为无道的认识和举动可能是：孩子还小，根本不懂事；父母都是为孩子好，所以替孩子安排没有什么不对；孩子不愿意接受安排时，那是他不懂事，所以必须让他接受。了凡的母亲既为孩子做了一个安排，也欣然地接受了后续孩子新的命运选择！

亲道：任何一个人都有自己的命理，任何一个孩子都不会与父母完全相同。况且，每家的父母都有深刻的感受：孩子总是比父母更聪明！也许，这就是进化吧！

如果父母相信一代代的人会持续进化，那在孩子年幼时，父母最重要的觉悟也许是：我的孩子最特别的是什么？我如何让孩子的特别之处得到发挥？又如何让孩子的短板得到弥补？

后余在慈云寺遇一老者，修[1]髯[2]伟貌[3]，飘飘若仙，余敬礼之。语余曰："子[4]仕路[5]中人也，明年即进学[6]，何不读书？"

余告以故，并叩[7]老者姓氏里居[8]。曰："吾姓孔，云南人也。得邵子皇极数[9]正传，数该传汝。"

［注释］

1 修：长。

2 髯：两颊上的胡子；泛指胡子。

3 伟貌：相貌非凡。

4 子：您；古时对男子的敬称。

5 仕路：官场。

6 进学：科举时代，考取秀才即可入县学读书，称为"进学"。

7 叩：询问。

8　里居：居住的地方。里，街坊。古时五家为邻，五邻为里。

9　皇极数：是用来算命的，邵雍先生十分精通，并著有《皇极经世书》传世。

[译文]

后来我在慈云寺遇到一位老人，长长的胡须，相貌非凡，飘飘若仙，我恭敬地向他敬礼。老人对我说："您本是官场中人，明年就会考上秀才，为什么不去读书呢？"

我就把不读书的缘故告诉了他，并请教他的姓氏和居处。老人说："我姓孔，云南人。我得到宋朝邵雍先生皇极数的正统传授，上知国运兴衰，下知个人吉凶祸福。按照定数，应当把皇极数传授给你。"

[命运第2道]　"相遇"的"福祸""两重性"

人的生命如同一个容器，又如同一部机器，在一生中至少会安装两种程序：

一是先天的遗传与秉性或者天赋，这是每个生命的基底，甚至可以说是一种本色；二是后天的接收与"被安装"的程序，也就是出生后受到的影响和体系化被安装的程序。每个人的命运基本上都是由这两种力量影响或者决定的。

若是遇到的"高人"将一个人的命运算准算死，就一定偏离了命运的原理。因为，人最重要的命运机遇，是在后天的选择中！

对于每个人来说，一生中会遇到很多人，在这些人中会有一些对我们产生了积极和重大影响的人，人们往往把他们称为"贵人"，西方心理学中叫作"重要他人"。

这些重要的人，往往会出现在我们生命的某些重要时刻，似乎像神灵一样在某个地方、某个时刻等待着我们。他们的出现，如同人生旅途中的"掌灯者"，让我们生命的前方出现了一缕光明。

当然，每个人也可能会遇到使自己产生了消极、负面情绪但影响很重大的人，犹如撞见了一只恶魔，会让人的生命中突然进入了一道阴影，也可能让当事人逐渐或者突然性地转向负面或者罪恶的方向。

人在某个阶段的命运，往往就是与前期积累下的和在那个阶段中我们遇到的人有重大关系。在我们生命中出现的各种人和建立的各种关系，构成了我们命运的丝网般的图景，而人又如同在丝网上爬行的蜘蛛。所以马克思说，就其现实性上来说，人的本质就是一切社会关系的总和。自然，组成这个"丝网般图景"的"丝"和形成的"结构"的不同，就决定了那个时段中我们的喜怒哀乐、悲欢离合、得失顺逆！

生命的真相是人人都活在圈子里。圈子性质的不同，会决定那个时段的命运状态：

低级而同质性的圈子，往往会让圈子变成禁锢人的"桎梏"或者"圈（juàn）"。"圈养"的特征是：一是将同圈里的视为"自己人"；二是物质利益"内循环"，精神内涵"江湖化"；三是对类似的缺陷和错误进行集体性的"合理化"，达到"集体屏蔽"的效果，说得通俗易懂一点就是"臭味相投""互不嫌弃"，于是可以在嬉笑中一起做坏事。

现在的人们都讲究"圈子"，但往往很多人建立了同质性的圈子，也就是在这个圈子里，很多人跟自己很类似，我们遇到跟自己很类似的人，会感到很亲切，有时还会把他们看成是自己人，或者误以为是志同道合的人。

实际上，跟我们类似的人，往往都是在帮助我们强化和加固过去的"旧我"的人，这就是对每个生命进化中最大的威胁。因为同质性很强的人聚集在一起，会减缓一个生命进化的速度。由此我们可以知道，寻找跟自己不一样的人，学习他们身上自己不具备的优点和精力，学会跟那些与自己不一样的人相处，才可以真正地促进自己的进化。任何一个给你一种新的视角、新的知识、新的不同的人，都可能是帮助你完成生命更新组合的一位贵人。

余引之归。告母，母曰："善待之。"

试其数，纤悉[1]皆验，余遂[2]启[3]读书之念。

谋之表兄沈称，言："郁海谷先生在沈友夫家开馆[4]，我送汝寄学⁵甚便。”余遂礼郁为师。

［注释］

1 纤悉：微细。

2 遂：于是。

3 启：开启。

4 开馆：开学馆。

5 寄学：寄住在学馆里读书。

［译文］

于是我就请他到家里去，并且禀告母亲，母亲说：“你好好款待他。”

我们测试孔先生的皇极数，他所推算的，哪怕是微细的事情，都一一灵验。这证明孔先生料事如神，而他说我明年就会考上秀才，以后还会做官，于是我就起了读书的念头。

去同表兄沈称商量，他说：“郁海谷先生在沈友夫的家里开学馆，我送你去寄读是很方便的。”于是我就拜郁先生为师。

卜考算命

孔为余起数¹：县考童生²当十四名，府考七十一名，提学考[3]第九名。明年赴考，三处名数皆合。

复为卜终身休[4]咎[5]，言："某年考第几名，某年当补廪[6]，某年当贡[7]；贡后某年当选[8]四川一大尹[9]，在任三年半，即宜告归。五十三岁八月十四日丑时，当终于正寝，惜无子。"余备录而谨记之。

［注释］

1 起数：用皇极数推算未来事件。

2 童生：指科举时代，未取得秀才资格的考生。童生须通过县考、府考和省考，才能取得秀才资格。

3 提学考：省考。提学，提学使，又名学政、学台，是一省中主管童生、秀才及其考试的首长。

4 休：吉祥。

5 咎：凶险。

6 补廪：童生考上秀才后，经过岁考和科考，考得好的，就可以补廪生。每县的廪生名额是一定的，若有缺额出来，就把名次最高的递补上去，成为廪生，所以称为"补廪"。

7 当贡：廪生通过考试或选拔推荐，就可以当贡生。

8 选：铨选。即吏部挑选，量才授官。

9 大尹：知县，是一县的长官。

[译文]

孔先生用皇极数为我推算明年考秀才的事，他说：作为童生参加县考，当中第十四名，府考当中第七十一名，省考当中第九名。明年赴考，三处名数皆如孔先生所算定，于是我考上了秀才。

孔先生又为我推算终身吉凶，他说："你某年当考第几名，某年当补廪生，某年当上贡生。做贡生之后的某年，当被选派去四川做知县，在任三年半，就应当辞官归乡。五十三岁那年的八月十四日丑时，将在自己的卧房中去世，可惜没有儿子。"于是我就把孔先生的话一一写下来，并且慎重地记在心里。

[命运第3道]"算得准"，实际上就是算得浅。如处浅薄，必信浅薄。

当一个生命的形态处在初级状态或者比较稳定的状态时，对于那些拥有丰富的人生经验并掌握了一定方法技术的人来说，那个生命的一切就如同一张图画。孔先生所使用的皇极数，也是中国文化中最为精致的解释学和预测学。孔先生之所以能够把了凡先生的那些事情推算得那样精准，一方面说明孔先生对皇极数运用得娴熟，另一方面也说明了凡先生当时的状态处在一种初级和比较稳定的状态。将孔先生的娴熟和了凡先生的初级状态这两个方面结合起来，孔先生看了凡先生犹如俯视一般，用现在流行的话说，这叫"降维打击"，这是高维对低维的俯视。换一种说法就是，孔先生所掌握的是中国文化中关于人生命运的特殊科学。

这样算出来的经历，只是过去的命运直线，以过去的命运直线来推断未来，风险极大。因为，未来还会有更加强大的力量介入到命运中，会形成命运的波浪线。如果笃定修行，就会形成螺旋上升线。因此，按照过往信息算出来的最多算是过去的命运，而不能等同全部的和未来的命运。当然，如果自己没有大的变化，那种基于过去的命运直线的算法，就可能会不幸而言中。区分这样内在的过程十分重要，也是很多人没有深入思考的，或者是想不明白的，也是很容易搞混的。

当然，"命"有先天与后天两部分，若是一切归于先天，人就成了待宰的羔羊。

当然，"运"完全是后天的，如同一个冲浪者，面对着各种变化，是否能够保持前进和正确的方向，这才是关键。

也许，让人们一直能够满怀信心地活下去的不是"命"的既定性，而是"运"中还存在的那种可以改变的空间。

如果有什么可以让我们每个人的灵魂感到兴奋的话，也许就是那个能够改变命运的方法。

认命无求

自此以后，凡遇考校[1]，其名数先后，皆不出孔公所悬定[2]者。

独算余食廪米[3]九十一石五斗当出贡，及食米七十余石，屠宗师[4]即批准补贡，余窃[5]疑之，后果为署印[6]杨公所驳。直至丁卯年[7]，殷秋溟宗师见余场中备卷[8]，叹曰："五策[9]，即五篇奏议也，岂可使博洽淹贯之儒[10]，老于窗下[11]乎！"遂依县申文准贡，连前食米计之，实九十一石五斗也。余因此益信"进退有命，迟速有时"，澹然[12]无求矣。贡入燕都，留京一年，终日静坐，不阅文字。

[注释]

1 考校：考试选拔。

2 悬定：预定。

3 廪米：秀才当廪生后，由国家发给生活费，称为廪米；直到成了贡生才停止发给。

4 宗师：考生对学台的尊称。

5 窃：私也；常用作表示个人意见的谦词。

6 署印：代理官员。

7 丁卯年：公元 1567 年，了凡先生 32 岁。

8 备卷：备取的考卷。

9 策：策论。

10 博洽淹贯之儒：学识渊博精深、融会贯通的读书人。

11 老于窗下：埋没终身。

12 澹然：安静貌。澹，安静。然，在词尾表示状态。

[译文]

自那以后，所有考试的名次及选拔的先后，都同孔公所推算的完全一致。

唯独他算我食廪米九十一石五斗时当补贡生，而我食米七十余石时，学台屠宗师就同意我补贡，我私下怀疑是否能成，后来县里的申报文书，果然被接任的代理学台杨公驳回。直至丁卯年，学台殷秋溟宗师看见我在考场中的备卷，叹息地说道："这五篇策论，竟像是大臣呈给皇上的五篇奏议。岂可使学问精深通达的读书人，埋没终身啊！"于是他就依照上次县里的申报文书，批准我作贡生，这时连同以前所食的廪米计算，恰恰是九十一石五斗。因此我更加相信：发达、不发达都是命中注定的，事情来早、来迟也都是有一定时候的。于是心灰意懒，无所企求。当贡生后去到北京，在京的一年，我终日静坐，不看文章也不读书。

［评注］

读书人竟然不看文章不读书，真是灰心丧气到极点了。科举时代，读书人能否考取功名，真是有天壤之别，只要读《儒林外史》中"范进中举"一回即知；而没有儿子传宗接代，更是头等大事。了凡先生已经发生的事，无论巨细都被孔公一一算准，因此对孔公算他"不会中举人进士，没有儿子，只活五十三岁"的命，深信不疑，心中的凄苦可想而知。读书是没用了，举杯浇愁愁更愁，了凡先生的办法是用静坐来把烦恼伏住，而静坐竟成了他受教于云谷禅师，命运得以改造的大因缘。

［命运第 4 道］一旦信了，大脑自己就会自圆，因为要让自己的信能够合理。

现实中被高人算过命的人，对高人给自己命运的描绘无不感到惊讶。当然，当算出的命运的很多景象一次次被验证而成为事实时，也会让人产生一种绝望感，就像掉进了"宿命论"的陷阱。当时的了凡先生，就进入了这种状态。

运用皇极数推算一个人的命运，这是我们文化中一种很特殊的学问。如果有人感兴趣，也可以去钻研。人的命运形态是一种客观存在，是自己和客观世界一次一次重组之后的生命形态，当然是有规律的。对成年人进行算命，也就是把你先天的和后天的这样一系列生命要素的运动过程呈现给你，让你自己来看。只是很多时候算命的人不会告诉你为什么会这样，所以人们的命被算之后，会越发觉得命运很神秘，但又觉得很难知晓清楚，也无法制定一个人生的长远战略来改变和优化自己的命运。

可是现实中的人总是对自己面临的现状感到不是很满意，总想找一些办法来优化一下自己的命运，也运用自己掌握的知识尝试了很多努力：

王总捐了很多钱，希望有个什么神灵能够帮助自己平安，或者能够让自己赚更多的钱。能够把自己的钱拿出去，还能够有一种强烈的自我暗示，有时候还真的有了效果。于是就得出一个结论：求神很灵验啊！但他们往往只会说一两件事儿，是不是会因为捐一点钱，神灵就会保佑他生活中的一切呢？不灵验的地方他就不说了。实际上他就不想想：若是世间真的有神灵，神灵缺钱吗？神灵还需要人的叩拜和尊重吗？神灵会因为有人给他钱，或者给他磕头而去保佑这些人获得更多的金钱吗？显而易见，这都是红尘中的俗人自己勾画出来的荒唐的道理。

如果有算命先生算得真准，那是对你的过去和现在命运运动的规律有所了解。但要注意的是，这并不是中华文化中最高级的学问。中华文化中最高级的学问是优化自己的命运，是将自己的命运与天地万物和众生能够连接在一起。若是不懂得这个道理，而只是迷在算命这类事中，那未来的命运可能就会真的出现问题，而且有可能是更大、更难、更难以解决的难题。

刘总天天念经磕头，虔诚无比，心中只有一个念头，就是希望通过自己的这份虔诚，能够让神灵保佑自己平安，让自己能够赚更多的钱。大家想想看：如果神灵真的存在，会奖励这样一心只为自己而贪婪无度的人吗？

叶总很聪明，也做成了不少的事情，但仍有不少的苦恼。有一次受到了一个重大的挫折，于是心中愤愤不平，总觉得自己的想法是正确的，是小人在背后整他。他本来什么也不信，这是他平时挂在口头上的话，"我什么也不信"，但实际上，他还是相信靠自己的聪明就能够取得个人成功的。他在困难时，也走到了那些宗教场所，去磕头，去上香，去捐钱，希望神灵能够帮他过关。很显然这就是老百姓说的"临时抱佛脚"，也就是平时不学习、不修行，等到遇到事儿了再去求助，会灵验吗？

王先生是一位官员，工作上有能力，自己心底里也有些高傲，他很爱护自己的部下，但跟自己的上级领导却经常有很多对抗，总觉得上级领导还不如他的水平高。多年以来，他一直没有被提拔，心中很是郁闷。于是偷偷地也找人算过命，结果算完之后更是郁闷不堪。实际上，王先生的这种状况还需要算命吗？他心中的那份孤傲正是影响他命运的那个"毒瘤"，他爱护部下是居高临下的，他对抗上级似乎也是居高临下的，他把自己的那点能力看得太重，看不见自己不了解的别人的长处和优点，他实际上进入了很狭隘的那种自以为是的困境中，而这个困境，不恰恰就是自己心底的那份孤傲和自以为是所造就的吗？他若是不改变这一点，算命又有何用？去求神灵，难道神灵会帮助这样一个孤傲狭隘和自以为是的人，成为更高级的领导吗？实际上，他一直没有被提拔，这本身对他来讲就是一种公平啊！如果一个人看不懂这种公平，却又把这种公平说成是不公平，这不就是愚蠢、愚昧和糊涂吗？

我们要不要找人算命呢？在现实中不断找高人给自己算命的人，往往是在现实中遇到了很多自己无法理解的或者让自己感到不满意的一些现象，想借助高人来给自己的命运找到一个破解的方法。但结果往往是，越算自己越糊涂，越算自己越混乱，算准了却又没有破解之法的，会让自己更加绝望。信誓旦旦地给了破解方法的，随着一次次希望的破灭，生命进入更加紊乱的状态。

了凡先生被孔先生算了命，而且很多内容都在一一应验。如果了凡先生走不出被孔先生算定了的这个命运，也就不会再有《了凡四训》了。由此可见，《了凡四训》之所以被誉为世间第一善书，就是因为了凡先生用他自己的人生经历找到了破解命运定数和优化自己命运的方法。

云谷开示

云谷禅师向了凡先生透辟地阐述了"数虽前定，命可转移"之立命原理，以及如何转移的具体方法。

己巳[1]归，游南雍[2]。未入监，先访云谷，会禅师[3]于栖霞[4]山中。

[注释]

1 己巳：公元 1569 年，了凡先生 34 岁。

2 游南雍：去南京的国子监读书。秀才当了贡生，就有资格到国子监读书。南雍，古时天子所设之大学，称为辟雍，后来称为国子监。"南雍"就是位于南京的国子监。明朝开国时建都于南京，后迁都北京，而南京制式不变，故全国有两所大学：北京国子监和南京国子监。秀才要取得贡生资格，方可进入国子监读书。

3　禅师：云谷禅师，名法会，号云谷，是当时的高僧。

4　栖霞：栖霞寺，位于南京南郊的摄山中。云谷禅师原住南京报恩寺，后移居栖霞，重兴其寺。

[译文]

己巳年我回到江南，去南京的国子监读书。还未入学，我先去拜访云谷禅师，与他相会于摄山中的栖霞寺。

[命运第5道]别在乎人说的"确定"，因为命运秘密隐藏在"变动"中。

前面我们说过，孔先生所使用的皇极数在解释和推算人的命运方面非常神奇。但为何皇极数没有成为人间第一善书呢？原来，中华文化中还有一个比皇极数更高级的智慧，也是修行者用自己的生命经历体会验证的高级智慧，这就是通过修行能够改变命运的高级智慧。由此可见，算命并不重要，改变命运才是人生中最重要的事情！

修行开悟者的智慧：每个生命并非一张白纸，都带着来自家族乃至民族的遗传，后天又受到了各个方面的影响，于是形成了自己心灵的一幅心图。在这幅图里，有自己坚信的信念，也有自己相应的知识和经验。但是，这是一幅"残图"，也就是说它是不完整的，里面还缺了很多东西。只是一般人不知道自己缺什么，也没有努力地去弥补和完善，所以自己的命运就由这幅"残图"决定着。自然，修行开悟者之所以拥有高级的智慧，就是因为通过修行，他们看到了这幅"残图"的真相，并能够不断地去弥补和完善。他们再去看那些不修行的人的时候，就能够很清晰地看清楚这些人内心的那份"残图"和他们命运的样子。

对坐一室，凡三昼夜不瞑目[1]。

［注释］

1 不瞑目：坐禅者，目若垂帘。"不瞑目"是说没有在座上昏沉入睡。了凡先生此时静坐功夫已深，专门参访云谷禅师，所以见面后二人对坐入定。

［译文］

我们两人相对，静坐一室，三天三夜都没有一刻昏沉入睡。

云谷问曰："凡[1]人所以不得作圣者，只为妄念[2]相缠耳。汝坐三日，不见起一妄念，何也？"

［注释］

1 凡：凡是。

2 妄念：虚妄无用的念头。这里"汝坐三日，不见起一妄念"是说了凡先生静坐三日，能够制心一处，无有杂念。修习禅定，有四个阶段：初禅、二禅、三禅、四禅。初禅之前行，有粗住、细住、欲界定和未到定。在初禅定中，呼吸停止。外呼吸停止，内呼吸活动起来，有如冬眠。这时，心静如水，其明如镜。如此或经一日，乃至一月一岁，定心不坏。了凡先生后来著有《静坐要诀》一篇。序中说道："吾师云谷大师，静坐二十余载，妙得天台遗旨，为余谈之甚备。"

［译文］

云谷禅师问道："一个人之所以不能够成为圣人，只是因为妄想把他缠住了。而你坐了三天三夜，竟然没有起一个妄想，怎么能够这样呢？"

［评注］

实际上，云谷禅师所问的这个问题背后藏着玄机或者禅机。第一，悟道成圣的人，都是去除了妄想执念的人。做事做不到就不能悟道成圣。第二，很显然，了凡先生没有悟道成圣。第三，既然没有悟道成圣，但连坐三日，竟然也没有起任何妄想执念。第四，没有成圣，又连坐三日，不起一丝妄念。云谷禅师问为何？实际上禅师心中早已有了答案：这就是典型的"枯坐"和"死坐"，变成了一块没有生命的顽石。这就是凡夫打坐过程中的一种典型错误。

余曰："吾为孔先生算定，荣辱生死，皆有定数，即要妄想，亦无可妄想。"

[译文]

我回答说："我的命运，孔先生已经算定，荣辱死生都有定数，我就是要妄想，也没有什么可以想的。"

[命运第 6 道] 走出"定数"，掌控"变数"。

了凡先生从 14 岁到 34 岁，20 年间遇到了命运中两个重要的人物，一是前面的孔先生，二是现在出场的云谷禅师，一个修行者，一个用生命体悟了人生命运秘密的修行大德，也是开启了凡先生改命历程的人生导师。如果说前面的孔先生为了凡先生算出了他命运中的定数，那云谷禅师又为了凡先生引入了改变命运的变数。

每一个人的生命和命运中都有两个数，一个是"定数"，另一个是"变数"。很多人相信定数，但是看不见变数。看不清楚定数的人，徒劳地挣扎着。看不清楚变数的人，当然也就不会识别变化的规律，所以只能无奈地应付着，一次次唉声叹气地感叹着。

所谓生命中的"定数"，实际上也就是生命中的"存量"，也就是自己的生命到现在所积累的各种各样的信息、知识、信念与能量，这些综合起来又会汇聚成自己的信念、价值观、思维方式和自己的性格。也就是说，这些存量会进一步固化成一种模式，形成一种心理上的定式或者习惯。这样的一种定式或者习惯，有三个基本的特点：一是它属于过去的积累，并不能包容未来；二是它有自己的惯性和惰性，人们会自动地为它加固和进行辩护；三是它会兼容未来出现的、与过去相类似的或者比较熟悉的东西，但会排斥那些看起来陌生的新鲜事物。所以这个定数，一旦形成定式，就会成为阻碍生命进步的障碍。

所谓生命中的"变数"，实际上是未来出现在现实中给予我们那个定数不断补充和升级的新的信息。但把定数变成定势的人，不能够识别这些新的信息的价值，往往还会删减、改编，或者干脆拒绝这些新的信息，以便继续维护自己过去的那个定数和定式。这也许就是人这一生当中做得最愚蠢的事情，自认为正确，却又不断地制造着自己不想要的那些结果，于是陷入"想法正确——结果错误——别人错误——自己正确——自己痛苦"这样的一个很滑稽的、如同心魔一样的心智陷阱。

若是在我们的生命中能够遇到一种改变命运方向和体系

的"变数"，那将是人生中多么幸运的事啊！能够静心读完《了凡四训》的人，就能够发现这个伟大的变数，就能把人生中最幸运的程序安装在自己的生命中！

命由我作，福自己求

云谷笑曰："我待汝是豪杰，原来只是凡夫[1]！"

问其故，曰："人未能无心[2]，终为阴阳所缚，安得无数？

"但惟[3]凡人有数；极善之人，数固拘[4]他不定；极恶之人，数亦拘他不定。

[注释]

1 凡夫：平凡的人。

2 无心：无缘虑心。

3 惟：只；用于句首的发端词。

4 拘：限。

[译文]

云谷禅师笑着说："我见你静坐了三天三夜，眼不闭，妄念不起，以为你一定是个了不得的人物，却原来只是个凡夫。"

我问他为什么说我是个凡夫，云谷禅师说："一般人还不能做到无心，总是在不断地攀缘外境，思虑事物，所以终究要被阴阳束缚住，自然就有命数。

"但是，只有凡夫的命数才是一定的。极善的人，因做了极大的善事，他的命运会转好，所以命数限不住他；极恶的人，因做了极大的恶事，他的命运会变坏，所以命数也限不住他。

［命运第 7 道］凡夫的命是一条直线。

凡夫俗子与极致之人，是两种不同的生命模式：

凡夫俗子的命运走的是一条平缓的直线，心灵似乎在休眠，肉体又被外境所控制，就如同一具木偶。

极致之人，包括极善和极恶之人，他们的心灵力量非常强大，于是就改变了那条命运平缓的直线。当然，极善之人向上走向了光明与正道，极恶之人向下走上了阴暗与邪恶。

"汝二十年来，被他算定，不曾转动一毫，岂非是凡夫？"

［译文］

"你这二十年来，都被孔先生算定了，不曾把命数转动一分一毫，你不是凡夫是什么呢？"

［命运第 8 道］凡夫信命，觉者改命。

很显然，在自己命运的问题上，普通人或者凡夫很容易陷入三种困境：一是狭隘的相信命有定数；二是被动地应对着生命中的变数；三是找不到突破这种困境的法门，即使相信善良，也没有上升到极善之人所拥有的那种顺应变化和吸收变化能量，掌握变化规律，让自己智慧上升的方法。

云谷禅师的一席话，告诉我们所有人一个极其重要的道理：

只要是自己的心智没有开化，也就是没有觉醒和觉悟，就会向外求索自己命运的答案，于是就会落入阴阳五行相生相克的人生颠簸之中，此时的人生和生命，就如同在波峰之间颠簸的一艘小船，又如同随风漂泊的一片枯叶。因此，不修行的凡夫，其命运当然呈现为一种比较固定的形态，也就是定数。

但对于一个修行者来说，吸纳的是人类文明中最高的智慧，开化的心掌握了人间极善的智慧，于是掌握了人生命运的规律，成为自己命运的主宰。这是何等珍贵又诱人的人生智慧啊！

余问曰："然则数可逃乎？"

曰："命由我作，福[1]自己求。《诗》《书》[2]所称，的为明训。我教典中说：'求富贵得富贵，求男女得男女，求长寿得长寿。’夫妄语乃释迦[3]大戒，诸佛菩萨，岂诳语[4]欺人？”

[注释]

1 福：吉祥之事。

2 《诗》《书》：《诗经》与《尚书》；泛指一切经书。

3 释迦：释迦牟尼佛，佛教创始者。

4 诳（kuáng）语：骗人的话。

[译文]

我问道："那么，这个命数可以逃得过吗？"

云谷禅师说："命由我造成，福要自己求。《诗经》《尚书》中所讲的这个道理，的确是极好的教诲。我们佛经中说：'求富贵得富贵，求男女得男女，求长寿得长寿。'这是千真万确的。因为，不准说假话乃是佛教中最重大、最紧要的戒，诸佛菩萨怎么会拿假话来骗人呢？"

[命运第9道]心魂被外物掌控，生命就成了木啊！

世间的凡夫，眼睛都是向外看的，看重的都是人间的外在之物，唯独忽略了自己。当自己取得一些成就时，会让自己变性，从而走向衰落的方向。当自己遇到一些遭遇时，又会把一切责任推给别人，把自己从中摘出来，让自己成为一个正确的、无辜的受害者。

世间的修行者，最先明白的最重要的道理就是：在人生命运的一切景象和画面中，自己是其中那个最具决定性的人，不管喜欢还是厌恶，人生中所遇到的一切都是感召来的。当然，一个人心中善的力量，就会感召善的外部力量；一个人心中恶的力量，也会感召恶的外部力量。总之，不管好坏，自己都是第一决定性因素。离开了这一点，就无法解释和改变人生命运的一切。

针对云谷禅师上面所说的话，我们为大家做一点提醒。悟道的人在教化人方面，往往会使用一些方便法门，也就是针对着特定的对象和他的理解力，从经典中所演化出来的一些话语。

比如在此云谷禅师所讲的"求"，是借着红尘中人们的"求"的心理来说的话，因为经典中并没有告诉人们为自己求富贵。之所以称之为是方便法门，是把人们内心的"求"与经典联系在一起，如果不学习经典智慧，只是一味为自己求富贵，就绝无灵验可言。搞不清楚这一点，就又会陷入一种新的愚昧与痴迷。

此点甚要，万不可步入新的迷途。

余进曰："孟子言：'求则得之，是求在我者也。'道德仁义，可以力求；功名富贵，如何求得？"

[译文]

我进而问道："孟子说：'求就会得到，那是因为求的是我自己。'道德仁义是靠自己，只要我努力，就可以得到；功名富贵却由不得我，要是别人不给，我又怎么能够得到呢？"

［命运第 10 道］外求即是愚痴，内求就是觉醒。

云谷禅师在这里用了一个"求"字，围绕着这个字，中国文化中有两个不同的方向：一个是内求，另一个是外求。内求就是求自己，这是中华文化中所标定的正道。外求就是求外物、求别人，这就是中华文化中所说的外道。

有一个故事很形象地说明了这样一个道理：有一天，一个虔诚的信徒正在拜菩萨。突然，菩萨从空中飘然而至，跪在这位信徒的旁边也拜菩萨。菩萨的这个举动让那个信徒十分疑惑不解，于是问："菩萨，你为什么也拜菩萨？"菩萨回答道："我拜自己，所以我是菩萨啊！"

许多人看到"求"这个字的时候，往往想到的都是"外求"。中国的智慧有一个重要的法门：能够逆俗而思，能够反向行动并合于正道的，就是真正的智慧。所以，俗人凡夫大多外求，而修行者都知道只有内求才能获得真正的智慧。

有弟子问六祖慧能师父："师父，道在哪里啊？"师父回答道："道在汝心，心外求法，皆是外道。"孔子在论语中也说了类似的话："君子求诸己，小人求诸人。"

云谷曰："孟子之言不错，汝自错解了。汝不见六祖[1]说：'一切福田[2]，不离方寸[3]；从心而觅，感[4]无不通。'求在我，不独得道德仁义，亦得功名富贵，内外双得，是求有益于得也。

"若不反躬内省[5]，而徒[6]向外驰求，则求之有道，而得之有命矣，内外双失，故无益。"

[注释]

1 六祖：禅宗第六代祖师惠能，唐朝人。《六祖坛经》是他的语录，由其弟子撰成，为禅宗经典。

2 福田：这里把心比作福的田地，称为福田，要耕耘种植，才会有收获。

3 方寸：指心。《三国志·蜀书·诸葛亮传》载："徐庶辞先主而指其心曰：'本欲与将军共图王霸之业者，以此方寸之地也。今已失老母，方寸乱矣，无益于事，请从此别。'"

4 感：情动于中而触于外。

5 反躬内省：反省自己的过失。躬：自身。省（xǐng）：查也。

6 徒：白白地。

[译文]

云谷禅师说："孟子的话没错，是你自己理解错了。你没看见六祖惠能在《六祖坛经》中说："所有的福田，都是在各人心头；向自己心头去寻求，精诚所至必能得到。'求自己，就是要断恶积善，这不仅内得道德仁义，外也得功名富贵，内外双得，这样的求是有效的。

"如果不反省自己的过失，不在断恶积善上下功夫，而徒自向外奔驰逐求，纵然有手段、有计谋，但能否得到全是由命决定。其结果往往是：内不得道德仁义，外不得功名富贵，内外双失，这样的求是没用的。"

[评注]

向内求，在断恶积善上下功夫修福，自然"求则得之"；若是用手段、用计谋向外逐求，心术便坏了，所以"内不得道德仁义，外不得功名富贵"。现实生活中常有这样的情形：某人巧取豪夺，竟然谋得一大笔财福，他自以为得计，不明究竟的人也称羡他手段高明。其实，他命中原有的财富可能是此数的一倍、两倍或更多，而他采用恶劣手段，不仅折福损财，祸殃还会接踵而来。

[命运第 11 道] 内决定着外，只需内求，无需外求。

云谷禅师在这里与了凡先生做了内求道德仁义和外求功名富贵的讨论。

在他们的讨论中，在道德仁义和功名富贵方面，明确了两个要点：一是必须优先内求自己的道德仁义，必须做到断恶积善，必须做到反躬自省。二是在保证内求优先的前提下，也可外求功名富贵，如此能够做到内外双丰收。

真的会是这样吗？在现实中，首先内求自己的道德仁义，真的能够断恶积善，能够反躬自省，然后再求外部的功名富贵就能够实现吗？相信很多人可能对此存疑。

在这个问题上需要做一下澄清：

第一，如果自己内求的成果还不够强大，就急急忙忙地外求功名富贵，是肯定无法实现的。

第二，如果一方面内求着自己的道德仁义，另一方面也外求着自己的功名富贵，就一定会践踏自己道德仁义的真意，因而也无法获得外部的功名富贵。

第三，如果经历一些年的积累，自我感觉个人的道德仁义已经接近圆满，却依然没有获得外部让自己满意的功名富贵，因而怀疑自己道德与功名富贵之间的因果联系，就像现实中一些人所感叹的那样："都说'善有善报，恶有恶报'，可是看到的总是不报，然后只能相信是'时候不到'，难道这样理解才是正确的吗？"很多人看到的是："好人难做，坏人猖狂"，公道又在哪里呢？

对此我们必须要拷问自己：

第一，我们自认为已经有了足够的道德仁义，甚至认为自己已经站到了道德仁义的制高点上，这本身不就是一种心智的新的迷茫吗？

第二，如果一个人积累了一些道德仁义，就急于兑现外部的功名富贵，那这个道德仁义还是真的吗？

第三，内在的道德仁义和外在的功名富贵，本身是有因果关系的，但绝非一般人想象的那样的直线联系，而是一种涉及诸多要素和个人智慧的网络模式。如果不理解这一点，当内在道德仁义既不能够兑现成外在的功名富贵时，又不能够躬身自省，这不又进入了一种更高级的迷茫吗？

第四，如果我们不能把内在的道德仁义和一系列的优秀品质视为人生的第一功名富贵，把内在的道德仁义变成兑现外部功名富贵的筹码，这不就是对自己内在的一种践踏吗？

第五，若是不能够将自己内在的道德仁义转化成为社会和他人建功立业的能力和智慧，若是追求的还是个人的功名利禄，而不是对社会和他人的责任，这不又是一种新的低级的自私吗？在这种情况下，即使获得了一些外部的功名富贵，又如何能守得住呢？又如何能够让自己不变性呢？最终不还是外在功名富贵的奴隶吗？

六祖慧能禅师说得好："一切福田，不离方寸；从心而觅，感无不通。"用道德仁义勤耕自己的福田，能够与天地万物和众生的心连通，而愿意奉献自己并为别人解脱苦难和创造价值，这才是人间真正的功名富贵啊！

功名生子，皆依福德

因问："孔公算汝终身若何？"余以实告。云谷曰："汝自揣[1]应得科第[2]否？应生子否？"

余追省良久[3]，曰："不应也。科第中人，类[4]有福相。余福薄[5]，又不能积功累行[6]以基厚福，兼不耐烦剧[7]，不能容人，时或以才智盖人，直心直行[8]，轻言妄谈。凡此皆薄福之相也，岂宜科第哉！

"地之秽者多生物，水之清者常无鱼，余好洁，宜无子者一；和气能育万物，余善怒，宜无子者二；爱为生生之本[9]，忍[10]为不育之根，余矜惜名节，常不能舍己救人，宜无子者三；多言耗气，宜无子者四；喜饮铄[11]精，宜无子者五；好彻夜长坐，而不知葆元毓神[12]，宜无子者六。其余过恶尚多，不能悉[13]数。"

[注释]

1 揣：估量。

2 科第：举人、进士等功名。

3 良久：很久。

4 类：大都。

5 福薄：没有福气。

6 积功累行：善事真实便是功，善心真诚便是德；从少到多叫作积，从低增高叫作累。

　　7 烦剧：繁难之事。

　　8 直心直行：任性放肆。

　　9 本：草木的根，与下句中的"根"字一样，都是指事物的根源，这样用是为了避免修辞上的重复。

　　10 忍：狠心；安于不仁曰忍。

　　11 铄，读硕：销毁。

　　12 葆元毓神：保养元气，长育精神。葆，保养。元，元气。毓，同"育"。

　　13 悉：全。

[译文]

　　云谷禅师见我仍不太明白，为了对症下药，于是话锋一转，问我："孔先生算你这一生究竟会怎样？"我就如实地告诉了他。云谷禅师说："你自己估量，你是否应该得科第？是否应该生子？"

　　我反省了许久，才回答说："不应该。中科第的人，大都有福相。我生来福薄，又不能长存善心力行善事来增厚它。加之不耐繁难之事，度量狭小，又常常以才智盖人，任性放肆，轻言妄谈。所有这些都是薄福之相，怎么能够中科第呢！"

　　"污秽的地方多滋生生物，清澈的水中常没有游鱼，我过分洁身自好，以至于不近人情，这是我应当没有儿子的第一个缘故；和气能够生育万物，而我爱发脾气，这是我应当没有儿子的第二个缘故；仁爱为生生不息之本，狠心刻薄是不能养育之因，我只顾爱惜自己的名节，常不能舍己救人，这是我应当没有儿子的第三个缘故；多言耗气，这是我应当没有儿子的第四个缘故；喜欢饮酒销毁了精神，这是我应当没有儿子的第五个缘故；经常通宵静坐，而不知道保养元气长育精神，这是我应当没有儿子的第六个缘故；其余的过恶还有很多，没能一一列举出来。"

［命运第 12 道］若想改命，就要跟着上道！

大家可以看一看，在名师指点的情况下，一个凡夫是如何走上觉醒开悟之路的。可以总结出这样五个要点：

一是自知之明。相信在自己的知识智慧之上，还有一种高端的智慧。反之，只相信自己那一点可怜的知识和智慧的人，就会长期被捆绑在一个比较低级的状态而不能前行。

二是求知问道。在自己陷入困顿的时候，知道去寻找名师指引。反之，如果陷入困顿，依然用低级的智慧去思考就会增加困顿的程度，如同找不到头绪的一个死结，越拉越紧。

三是勇敢内视。了凡先生在云谷禅师的引导下，勇敢地找到了自己内心中的六个不能见人的东西与自己厄运之间的因果关系，并十分坦诚地说了出来，这就至少解决了问题的一半。做到这一点十分不易，因为很多人面对着自己内心中的不能见人的东西总是遮遮掩掩，总是不敢拿出来让别人看，总是不敢见阳光，于是不能见人的东西就在阴暗中继续繁衍。

四是坦诚上请。圣人曾经谈到了"不耻下问"的强者风度，与之对应的就是"坦诚上请"，也就是没有畏惧，没有遮掩，没有逃避，不怕露丑，坦诚地向高人请教。

五是真诚接受，紧跟前行。在高人的引领下亦步亦趋，如同小时候拉着父母的手前行一样，就能走上开悟的历程。最终，就能找到自己内在决定外在的那个根本性的原因，也就接近于找到让自己命运处在困顿状态的那个内在的错误。

只要继续努力前行，按照名师指点继续修行，就能通过改变自己内在的思维与品德定位，从而改变外部呈现出来的命运的样子。

云谷曰："岂惟科第哉！世间享千金之产者，定是千金人物；享百金之产者，定是百金人物；应饿死者，定是饿死人物；天不过因材[1]而笃[2]，几曾加纤毫意思？

"即如生子，有百世之德[3]者，定有百世子孙保之；有十世之德者，定有十世子孙保之；有三世、二世之德者，定有三世、二世子孙保之；其斩[4]焉无后者，德至[5]薄也。

[**注释**]

1 材：质性。

2 笃：忠实地执行。

3 德：这里指阴德。凡是行善而为人所知，这是"阳善"；行善而不为人所知，这是"阴德"。

4 斩：断绝。

5 至：极。

[**译文**]

云谷禅师说："你刚才说：'中科第的人，大都有福相。'其实，不仅只是功名，富贵及生子也都依于福德。世上享有千金财产的，一定是有千金福报的人；享有百金财产的，一定是有百金福报的人；被饿死的，一定是应当受饿死报应的人；上天不过就各人本有的祸福，如实地呈现出来罢了，哪里加过丝毫的改变在里头呢？

"就以生儿子这桩事来说吧，有百世阴德的人，一定有百世子孙来保住它；有十世阴德的人，一定有十世子孙来保住它；有三世、二世阴德的人，一定有三世、二世子孙来保住它；那些断绝后代的人，都是因为他没有积得阴德的缘故啊！

[**命运第 13 道**] 人的灵魂，就看你心中装的是什么文化。

这一段对话非常精彩，也体现了云谷禅师从一般的法则到具体事物法理的层层递进，这是一种开悟人生的智慧教法。在这一段对话中，涉及了两个不同却又相互联系的话题。

一是命运中非常重要的一个话题：也就是"心相"的问题。

了凡先生也提到了心和相的问题，但很显然在这个时刻，他还没有完全地将二者内外的因果关系真正看清，所以才说自己福薄也无福相，但又说出了福薄的一些问题，似乎心中已经知晓了什么，但还是不十分清晰。在这一点上，我们需要搞清楚的是，每一个人的心的状态，也就是心中装着的那些能量，是正是负，就决定着一个人相貌上的贵贱。绝不能先定义自己的福薄，绝不能先将这一点作为定论，而一定要明白这不是定数，一定要看到自己内心的那些信念，或者内心的一些错误的观念、思维以及演化出来的外在的状态和做法，才是命运的根本和决定未来变化的力量。凡是认定先天命薄的人，都近乎自虐，这是个人进步和觉悟中的大敌。

二是个人命运中两个非常重要的内容：功名和生子。

先来说说功名。实际上，世人大都不知"功名"有两个：一是内在的功名，二是外在的功名。"内在功名"并非一般意义上的道德品质，而是此生给自己选定的角色。有人把自己设定为普通人，因此，一切忙碌都是为了自己外部的功名利禄，这样的人在内在功名方面就非常低级。觉醒和觉悟了的人，会将自己的生命与国家民族的命运联系在一起，在真理面前将自己设定为一个修行者，在大道面前将自己设定为一个使者，仅此一念，内在功名就非常博大和高远。拥有这种博大和高远内在功名的生命，也就拥有了吸纳高端智慧、克服千难万险的勇气，自然也就会拥有外在的高端功名。

很显然，内在功名决定着外在功名，不同的设定就决定了两种不同的人生道路。

至于生子，古人将这件事与个人的内在德性和身体状态联系在一起，这是很符合科学精神的。对于当代人来说，尤其是生活在城里的人，对于生子和延续自己的后代，看得没有古人那么重要。实际上，这恰恰是现代人生活中一个非常严重的问题。因为生子不仅仅涉及家族香火的延续，还关系到一个民族是否能够兴旺发达。世界上一些国家和民族出现了人口的负增长，很多人只管自己的个人生活，不愿意再为民族的未来繁衍后代，这样的做法就会导致亡国灭种。当然，从进化的角度来说，这种自私而狭隘的做法，导致最后的亡国灭种也是必然的。所以，我们不能将生子这件事情简单地视为是一种封建或者落后的传统。对这一点，若是不能及时地觉醒，就会导致极其严重的后果。当然也要警惕一种论调：优秀的人可以鼓励多生孩子。实际上，几乎任何一个现实社会中的大部分精英，往往大都来自那种并非优秀甚至贫困的家庭，因为他们有一种向上的巨大的生命力。因此，不能简单地倡导那种优秀的人多生孩子的观点，因为优秀的人和普通人在天地大道规律面前也是平等的。反之，那些现在优秀的人若是不能够培养孩子吃苦耐劳的精神，若是不能够立志为贫困的人去奋斗，恐怕就会导致退化。话说到这里，大家也许就能够知道，人们说出来的貌似有道理的话，实际上也是人算计出来的，但人再算计也是无法算尽规律的。

凡是行善而为人所知，这是"阳善"；行善而不为人所知，这是"阴德"。阴德，天将给以福报，也是留给后世子孙的道德财富，留得多就能福泽更多的子孙；阳善，享受世上的荣誉，这更多是自己享用的。

这里有一个非常重要的话题，其中涉及三个要点：

第一，中国文化所推崇的道德并不是一人一家独活，而是要将自己跟众人和国家民族的命运联系在一起。如此这般，才会有真正的、大的成就。

第二，每一个人，每一个家族，现在所做的一切，包括所行善恶和所遇福祸，都会构成家族记忆，流传后世。因此，每一个人都要有一种极其强烈的意识：现在所做，不仅影响自己，还会影响自己的亲人。不仅影响当世，还会影响未来。

第三，不少的人也都想做好家族的传承，关键是传什么呢？迷茫的人想着传家业、传财富、传功名。历史证明，这样的做法多半会贻害自己的后世子孙。中华文化，也是中国人几千年的文明积累，这个经历了漫长历史证明和积累的文明告诉我们：能够传承和富有子孙的唯有道德。当然，除了"阳善"，还必须有雄厚的"阴德"。想想我们中华民族的繁荣昌盛，想想我们现如今的盛世，这是多少圣人先哲和伟人英雄们的阳善阴德所滋养的啊！

积德格天，信受发愿

"汝今既知非，将向来不发科第，及不生子之相，尽情改刷，务要积德，务要包荒[1]，务要和爱，务要惜精神。

［注释］

1 包荒：包容荒秽。意思是：要包涵，不揭别人的短处。

［译文］

"你现在既然知道错在哪里，就要将向来使你不中科第，以及不生子的毛病，彻底改掉，一定要积阴德，一定要包容别人，一定要和气慈爱，一定要爱惜精神。

［命运第 14 道］看一个人平时内心的价值准则是什么，就能知道其命运如何。

云谷禅师在这里针对了凡先生的个人问题，开出了一个我们所有人都能用的药方，可以概括为"四个务必"。

一是务必要积阴德。所谓"积阴德"，就是纯心利他，不加功利心，去除交易心，针对个性态，时时勤改进，低调做事不彰显，做了好事不自以为有功有恩于别人。反之，帮助别人，还要感谢别人，把帮助别人当成报恩。

二是务必要懂包容。人人都不完美，我们自己也有毛病，如同身上的污垢一样，难以一劳永逸地清洗干净。但人生又不是一个人独活，而是要与许多不同的人一起共生共长。但每个人身上的毛病不仅会给自己带来伤害，也会给别人带去麻烦。怎么办呢？大家要取长补短，互相补台，相互谅解，一起学习，共同进步。如此才能共度人生！

三是务必要善他人。内心的善良达到上善极善高度的人，看别人的优点，欣赏赞美和学习；看别人的不足，警示自己，并能够帮他提醒或者补台，而不是幸灾乐祸。待人和气，真诚友善，有话好说，遇事好商量，有亏自己先吃，有利先让别人，遇错先省自己。

四是务必要爱自己。一个不懂得爱自己的人，往往就没有爱人的那种生命体验，所以也往往没有爱别人的情怀和能力。因此，学会爱自己也是获得爱别人能力的一种演练。当然，很难想象一个不断伤害自己的人，能够拥有去爱别人的能力。反过来看就是，不爱别人的人往往也是不爱自己的。即使他从愿望上也很想爱自己，但常常并没有爱自己的能力和智慧。

"从前种种，譬如昨日死。从后种种，譬如今日生，此义理[1]再生之身也。

[**注释**]

1　义理：公正合宜的道理，这里指仁义道德。义，待人接物公正合宜，做应当做的事。

[**译文**]

"以前的一切都过去了，不要再管它，如像你昨日死；以后的一切，全都重新开始，如像你今日生，这个再生的你，是崭新的仁义道德之身啊。

[**命运第 15 道**]**重塑内心，改变价值方向，就能够重生。**

很多人可能关注自己肉体是否能够重生，或者自己百年之后的去处。

但在此处，云谷禅师给了凡先生找到了一个"一念重生"的法门。这说明了两个重要问题。

一是人们应该将重点放在此生每个时刻的重生上，此生每个时刻找不到重生的法门，哪里还有什么来生重生的机会？

二是人间真正的重生，就是重塑自己的内心，把肮脏的念头和扭曲的思维升级为光明的道德和智慧的逻辑，就能跟自己的过去告别，开启新的人生。当然，一旦走上新的人生，渐渐地，再重新审视过去的自己时，就会有一种恍如隔世的感觉。而到达这个状态后，再去看那些没有改变的人，也犹如前世的自己。

“夫[1]血肉之身，尚然有数；义理之身，岂不能格天[2]？

［注释］

1　夫：发语词。

2　格天：所作所为，感通于天。格，感通。

［译文］

“就是血肉之身都有命数，仁义道德之身岂不能感动上天？

［命运第 16 道］让生命回归或者同于天地的频率，就是一生最重要的坚守。

说得简单一些，每个生命都由两个部分组成，一个是生命的肉体，另一个就是生命的心灵。

人的肉体，是天地造化之物，其中就蕴含着天地的基本规律。能够领悟人的身体与天地规律的同宗，就能顺应天地的规律，而让自己健康。

人的心灵，本来设置的也是天地规律的频率，只是随着后天浅薄知识与经验的积累和个人欲望的膨胀，让人的心灵迷失了。审视和改变自己主观中的浅薄和狭隘，重新将自己的心灵调整到与天地规律同频的状态，就能颐养自己的身心。

　　"《太甲》[1]曰：'天作孽，犹[2]可违；自作孽[3]，不可活[4]。'

[注释]

1　太甲：是《书经》中的一篇；《书经》又称《尚书》。
2　犹：还。
3　孽：灾害。
4　活：可以变动。

[译文]

　　"《太甲》说：'天降给你的祸殃，或者还可以避免；自己造作的祸殃，那是一定要受报应的。'

[命运第 17 道]保证少作死，就可长寿。

　　这一段中所说的原理常常被后人引用，但能够理解比较透彻的往往又比较罕见。

　　"天作孽，犹可违"，这里所说的"孽"，是人类主观上的一种叫法，说的是天地变化中那些被人类视为不符合自己利益的一些自然现象。如果人明白了自然现象的规律，顺应自然规律，自然就不会被规律所伤。也就是说，人能明白自然规律，能够领悟天地自然之道，就能够运用规律的力量，也可以避免被规律伤害。直到今天，我们人类所受到自然伤害的事件，都是因为我们遇到了还不明白的自然规律，甚至用自己有限的知识经验违背了自然规律。纵观人类的历史就会发现，人类一直在被动和主动地了解客观规律，能够认识和掌握的规律，就能造福于人；还不明白，也不能掌握的规律，往往就会伤害到人类自身。

"自作孽，不可活"，说的是人类不了解规律，但又自以为是；或者无视客观规律而一意孤行，这就是我们现实中所说的"作死"。想想看，在现实中无视客观规律和人间道德的作死的人，怎么可能活得好呢？也许有的人会说：理想很丰满，现实很骨感。在现实中活得纠结的，大都是君子；在现实中活得快乐的，大都是小人。这话说的好像是现实中那些作孽的人好像比正经的君子活得更快乐，实际上这是一种错觉和误解，这件事情的真相是：纠结的君子一定是智慧还没有通透的君子，快乐的小人也一定是心中埋着更大的痛苦和对报应的恐惧。若是看不清这一点，恐怕对君子和小人的认识都是不准确的。

"《诗》云：'永言配命[1]，自求多福。'

[注释]

1 永言配命：永远符合天命。永，永远，总是。言，语助词，没有意义。配，符合。命，天命。

［**译文**］

"《诗经》上说：'永合天心，自求多福。'

［**命运第 18 道**］不合自己的心是天道，让心合于天道是悟道。

诗经中说的"永合天心，自求多福"这八个字，可谓是经典中的经典。

"永合天心"，这是一种拟人化的说法，天地自然，自有它的客观规律，"天心"说的就是天地自然的客观规律。"永合天心"，就是告诫人们要让自己的主观意识永远与客观规律相合，这也是人间的天条，不可违拗。

"自求多福"，不要以为只要一心为自己求福，福就多了。在这部书中，大家要特别小心书中所使用的"求"字。"求"说的是内求而不是外求，是要遵循"内决定外"的原理，优先内求，并务必保持外求与内求方向的一致性，千万不能变成内求内在，外求时又损毁内在。

在内求外求这个问题上，现实中很容易出现两个极端：一个就是绝对的内求，另一个就是绝对的外求。绝对的内求，往往会忽视外在结果给予的信息反馈，最后形成一种自我封闭；绝对的外求，往往又会忽视自己内在的建设和提高，最终把自己的生命生活和人生都变成了获取外在物的一种高昂的投入和人生的成本。

因此必须明确四个基本的原则：

第一个原则：在时间顺序上，内求在前，外求在后。

第二个原则：在决定性上，由内求的内涵来决定外求的内容。

第三个原则：坚持内求时，务必随时关注外在结果给予自己内求模式的启迪、补充和修正，从而形成以内求为中心的一个开放的模式，让内求的内涵不断升级。

第四个原则：在外求时，务必保持外求的方向和性质与内求的一致性，也就是说，内求中的上善，要变成外求中的利他，而不能变成外求中的自私自利或者唯利是图，避免导致内外的冲突。

明白了上述四个原则，我们也就知道了，云谷禅师所说的这个"求"字，换成"修"也许会更容易被正确理解，也就是"自修多福"，这样可以避免误解。因为，唯有自修，才能完成坚持"内求为核心，形成内求外求的统一"这一核心精髓，才能福来不惊，祸来不慌，将福祸全部转化成生命的能量和功力。如此这般，才能跳出"孤立内求、妄为外求"所导致的内外统一体的割裂和由此带来的折磨与轮回的哀伤及绝望。

"孔先生算汝不登科第、不生子者，此天作之孽，犹可得而违也；汝今扩充德性[1]，力行善事，多积阴德，此自己所作之福也，安得而不受享乎？

[注释]

1 德性：高尚的品格。

[译文]

"孔先生算你不登科第、不生子，这是天降给你的灾害，尚且可以逃避；你现在提升高尚的品格，力行善事，多积阴德，这是你自己所作的福，怎么会不受享呢？

[命运第 19 道] 命运的秘密就是"少作死，多积德"。

至此，云谷禅师又将对了凡先生的开释，回落到了凡先生自己的生活中。

说到"不登科第、不生子，这是天降给你的灾害，尚且可以逃避。汝今扩充德性，力行善事，多积阴德，此自己所作之福也"，逻辑上似乎不是十分顺畅。

一是天不会给人降灾害，灾害一说纯粹是人的主观价值判断，我们人类所认为的灾害，都是人不合天心，不悟天道，因而违背规律而产生的结果。因此，人类所遇到的灾祸，只是违背规律的一种必然的结果。若借天心来说话，那也是天心给人的启迪和教化。

二是关于天降灾祸可以逃避的问题，怎么逃呢？实际上是逃不掉的。人类为每一次灾祸都会付出沉重的代价，也在每一次灾祸中获得一些关于自然规律的新知识，这是人类文明中非常重要的部分。由此可见，人类的文明也是在一次次的灾难中获得并不断积累的。

三是积累自己的德性，本质上包括自然规律和人间规律的认识，若是离开了对这两个规律的认识，以为自己在做善事，恐怕就很难为自己造福了。在生活中很多人都有这样的体验，即使我们好心待人，也依然要遵循人性的规律，否则就会好心办坏事；如果好心办成了坏事，哪里还有自己的幸福呢？因此，只有按照人心规律做事，在效果上幸福了别人，才能在结果上幸福自己，有点像现在人们所说的量子纠缠一样。

四是违背了人性规律的人，抱着美好的愿望，却忽略了对方的特点，又使用了不恰当的方法，还没有把握好时机和分寸，在效果上伤到了别人。当别人给予负面反馈时，自己感到很惊讶，甚至还觉得自己很冤枉，再过火一点的，还指责别人忘恩负义。想想看，这样的状态和趋势发展下去，还会有自己的幸福吗？

"《易》为君子谋，趋[1]吉避凶。

[**注释**]

1 趋：迎向。

[译文]

"《易经》是为君子谋划，怎样趋吉避凶的。

[命运第 20 道] 修道改命，一切相遇皆是机缘，觉悟了步步天梯。

第一，《易经》是中华文化中的大智慧，不能用个人的生活经验去解读，也绝非用一般生活经验可以领悟。否则，解读出来的可能不是智慧，而是对智慧的一种曲解。

第二，君子不是那些自以为自己正确的人，而是能够找到自己错误去改正并不断去参悟天地自然和人心规律的人。自以为是、自己总以为正确的人，是无法从《易经》中读出智慧的。

第三，趋吉避凶，只是一般性的原则。如果俗解了这个原则，也会走向一个扭曲的、错误的方向。想想看，好事归自己，坏事给别人，谁能做得到？这还能叫智慧吗？

第四，虽然人有"趋吉避凶"之愿，但人生中并不可能只遇到"吉"，而能避开所有的"凶"，原因就在于人一时还无法了悟天地人间所有的大道规律，况且人的状态也不稳定，明白时和糊涂时所做的事情可能完全不同。如此这般，懂得了规律、顺应了规律，就会给人带来吉祥。反之，不懂规律、违背规律、主观蛮干，就会给自己带来凶事。

第五，不能肤浅地理解"趋吉避凶"，否则，就很可能失去领悟大道的机会，进而变成对世俗吉事的追逐，又对世俗意义上的所谓凶事的规避。这样的模式已经与智慧差之千里了。实际上，世俗吉事只是人间肤浅的利益，追逐这种利益不仅不会大利自己，反而还会贻害自己。相反，世俗眼光中的凶事，也可能具有战略性的价值。例如，我们遇到的各种困难和挫折，往往正是将人向上推送、推举的力量。只是，于世俗眼光中的很少有人能够洞察这背后的玄机。

第六，人间万事皆是悟道的机缘，我们不能停留在世俗欲望、肤浅主观感受的层面，要持续不断地学习主观经验之外的客观规律，增加和扩大自己智慧可以覆盖的面积和能够通达的高度。越是那些我们不熟悉的、认为没用的，甚至是某些有害的，就更可能是我们的智慧库中所缺乏的。不能肤浅地认为，对自己现在好的就是吉事，否则，就是凶事。

第七，我们要去感悟的客观规律，不仅仅包括自然客观规律，还包括他人和人心的规律。要让自己的心守在正道上，明白个人私利不仅仅是物质的，也不仅仅是自己获得的，还包括精神的、付出与播种的。若是不懂得这些，就会让自己的心智与道德处在非常卑贱的水平，极容易与别人和社会发生冲突和对立，从而违背了天地人间之道。若是不明白这一点，趋吉也难避凶，甚至可能因为自己的自私而招灾引祸。

"若言天命有常[1]，吉何可趋，凶何可避？开章第一义便说：'积善之家，必有余庆。'汝信得及否？"

[注释]

1 有常：一定。

[译文]

"如果说天命一定，不能改变，又怎么可以趋吉而避凶呢？它开头第一章便说：'做了许许多多善事的人家，必定有多余的福留传给子孙，所以子孙后代一定兴旺发达。'我上面讲的这些话，你相信吗？"

[命运第 21 道] 要活着，家要有余量。要活好，家要有余德。

这里有一句《易经》中很重要的话："积善之家，必有余庆；积不善之家，必有余殃。"这句话深刻地描述了支配宇宙万事万物的因果律：积善或者积恶，是因；余庆和余殃，是果；有因必有果。

下面重点要说的是：既然有余庆、余殃，是不是还应该有本庆、本殃啊？这里重点是要搞清楚"本"和"余"的区别。"本"说的是积善之人和积善之家，或者积恶之人和积恶之家，此生所积之善恶所形成的能量，大部分要自己来享受或者来承受。"余"说的是自己享受不完或者承受不了的部分，还会进一步波及或者影响到自己的后代。

明白了"本"和"余"的关系，我们就知道，此生每个人的命运中，基本上可以分成两大类、三个部分。两大类指的是善恶引发的福祸；三个部分中第一部分指的是前辈先祖所积善恶福祸余存并流传波及下来的部分，包括我们所说的遗传、家风家教之类的。第二部分自然就是我们自己在不同的生命阶段中因为痴迷或者觉悟而行的善恶与所积下的福祸。第三部分就是上面所说的"余"，既然我们前辈祖先所行善恶、所积福祸能够波及我们，同样，我们自己的也会波及到我们的后代。

上述这些观点，是中国人对命运理解的很独到的科学道理：善恶两种品质变成行为产生的能量及其流动的规律。

再来说说"因果律"。笼统地说，"为善得福，作恶遭祸"。这里，善是因，福是果；恶是因，祸是果。明白了因果律中"因决定果"这一基本原理，我们的人生信念和行动纲领也就十分清楚了：就是修"因"和"种善因"，因为"因"是种子，是决定"果"的。如果"善因善种"没有搞对或者不够强大，却一味地去追逐"善果"和"福报"，这就是本末倒置了，自然就十分困难，因为"因"的力量太弱，甚至"因"与"果"的方向并不一致。看看历史和现实就清楚了，不懂因果律的人，不知道修善因，只想用手段、计谋来逐取福果，殊不知福果得不到，反而种下祸因。有的人机关算尽，也仅得到一些名利，自以为得计，却不知道失去的更多，甚至还为未来埋下了祸根。

云谷禅师在这里要了凡先生修因：断恶去祸因，积善修福因，功夫到了，自然就离祸得福，命就变好了。故云：人为善，福虽未至，祸已远离；人为恶，祸虽未至，福已远离。明白了这个规律，就能算明白人生那本大账！

时光流逝，生命浮沉；我们发出去的，转眼间都会回来。别忽略我们的一思一想、一言一行，要知道，这些所思所想、所言所行，都在创造着我们的未来……

云谷禅师为了凡先生所做的开释，集中在以下三个要点上：

一是修因。人心是内因，也是本因，是外在一切的种子。面对自然，人们知道"种瓜得瓜，种豆得豆"的规律。说的即是"因"决定着"果"。对于人来说也是如此，一个内心自私、狭隘甚至邪恶和充满负能量的人，当然就会遇到人间的灾祸，因为心性如此的人会伤害别人，会制造对立，甚至会制造敌人。相反，一个心胸宽广、大爱利他并在内心充满阳光和正能量的人，就能消解对立，化敌为友，合作共赢，共同发展。

二是功夫。为什么还要说只有功夫到了才会有善果出现呢？因为愿望并不等于结果，再美好的愿望也必须同时拥有智慧的方法，才能够把事情办好。人间那种好心办坏事的人，要么就是自己的好心并不纯粹，要么就是好心缺乏智慧的方法。对此，没有自省能力的人还会抱怨：好人难做啊，好心总是不得好报，这是什么世道啊？！持这种论调的人，恰恰是不明白上述的原理。

三是算账。现实中的人们总是急于得到回报，否则就会质疑善行的正确性。实际上，在这种状态下的善行已经是充满了杂质，并不纯粹了。参照上面我们已经提到的原理，纯粹的善愿和智慧的方法，还必须尊重对方和事物本身的规律，如果因为自己善愿的正确性而让自己忽视了对方和事物的规律，就会陷入一种愚蠢的思维中。如同种庄稼，如果庄稼需要三个月才能结果，若是非求两个月，那当然就没有结果。当然在这里有一笔隐形的账，必须要算清楚："人为善，福虽未至，祸已远离；人为恶，祸虽未至，福已远离。"人在为善时，如果只关注福的价值，却忽视了祸已远离的重大价值，这个账就算错了；那些为恶的人，似乎也不是每个祸事都会马上遭到报应，但会积累在自己的生命中，等待那个报应的时刻。同时，为恶之人也往往看不到，为恶之时，幸福已经远离。若是不能把这些都计算在内，那为恶的人算出来的肯定是一笔糊涂账。

有人说：若是好事连连，多半会跟着大祸。于是人们朦胧中感觉到，似乎一些小的挫折，可能会给自己消灾。这有道理吗？还是封建迷信？

若是坏事连连，会不会后边跟着大福呢？人们常说的"大难不死，必有后福"，这是真的吗？还是人们自我的安慰呢？

下面我们就用上面阐释的人生命运的原理来解开这些问题的谜底：

第一个问题：为何好事连连往往跟着大祸？那是因为自己内功不够，好事多了，往往承受不了，自己就会扬扬自得，就会变得傲慢，就会花天酒地，就会肆意张狂，这已经是鬼使神差般的"作死"行为了，也就是好事多了，承受不了了，于是启动了"自作孽"的程序。

第二个问题：一些小的挫折会给自己消灾吗？这样看是否懂得反省自己，小挫折就是小提醒，若是不觉悟，就会跟着发生大挫折。若是借着小挫折反省自己，就肯定能够避免更大的灾祸。

第三个问题：若是坏事连连，会不会后边跟着大福呢？人们常说的"大难不死，必有后福"，这是真的吗？还是人们自我的安慰呢？坏事连连，与后面的大福是没有必然联系的。除非在坏事连续发生后能够彻悟，能够痛改前非，能够脱胎换骨，能够重新做人，如此，就会有福。至于"大难不死，必有后福"这种说法，更多是自我安慰或者自我鼓励的，或者是安慰鼓励别人的。原因亦如上述。若是没有自我的觉醒，君不见，人间也有不少遇到大难之后从此一蹶不振，甚至破罐破摔，最终堕落、沦陷的？！

余信其言，拜而受教。因将往日之罪，佛前尽情发露[1]，为疏[2]一通[3]，先求登科[4]，誓行善事三千条，以报天地祖宗之德[5]。

[注释]

1 发露：揭发暴露。

2 疏：条陈。

3 通：量词；例如：打了三通鼓，说了一通。

4 登科：考上举人。

5 德：恩惠。

[译文]

云谷禅师的话振聋发聩，使我如梦初醒。我深信不疑，就恭敬地向他下拜，接受教诲。因此，我在佛前至心忏悔，把往昔的过恶毫不隐瞒地全都说出来，并且写了一篇条陈，先求考上举人，并且发誓要做三千条善事，以报天地祖宗的恩德。

[命运第 22 道] 接受高人引领，直接进入改命快车道。

看来，人的觉醒真的很玄妙！你看，在云谷禅师给了以上指导之后，了凡先生似乎坚信了一些真理，但还是想着先求考上举人，然后再做善事。但后来，了凡先生却真的做到了，这又是因为什么呢？原来这背后还藏着一个重要的改命逻辑。

第一，真心接受教育，恭敬下拜，深信不疑。这一步也是改命的开始，即使功夫还没有多大，但人生的方向已经转变了。

第二，诚心忏悔，绝不再隐瞒过去的过失与罪恶。如此面对自己内心深处阴暗的勇气，已经让自己的生命状态发生了巨大的变化，甚至整个生命的能量场也已经不同往昔。

第三，在有前面两步的基础上，用已经优化了的生命状态去考取举人，自然成功的可能性就急剧增加。在很多时候，尤其是面对着考试，人们的状态往往制约着自己能力的发挥。当然，这是以自己拥有相关的能力为基础的，若是根本没有考上的能力，即使拥有良好的状态，恐怕也很难实现目标。

第四，发誓要做 3000 件善事，这一点也至为重要。这不是简单地表达一下愿望，而是用发誓的形式来确定自己的决心，这样的决心肯定会变成心灵的力量。即使此时还没有做成 3000 件善事，但在正确的方向上发誓，肯定会给人一种巨大的力量。

看到了凡先生的上述作为，真是让人感慨：有些人已经愚昧到无可救药。

第一愚昧：只信自己。现实中有太多的人，不听圣贤教诲，只认自己的道理，冥顽不灵，如同着魔或者被恶鬼附体一般的愚昧。我们经常会遇到这样的人，他们往往装出来的样子是很自信的，实际上那是自负——夸大了自己的能力、遮蔽了自己的缺点。这样的人，心底往往是很自卑的，因为他觉得自己没有什么可以炫耀的资本或者本钱，又没有找到做人做事的根本大道，但又不想活得很卑微，怎么办呢？就装出一副很自信的样子，装出一副天不怕地不怕的凶相，以为这就是强大！这样的人，往往是欺软怕硬的：在强者面前，会表现得很卑微，在弱者面前又会表现得很霸道。在弱者面前的霸道又是用来中和他在强者面前的卑微的。这是一种十分病态的心理平衡！

了凡先生若是这样的人，恐怕不管遇到多少贵人和高人，也没有办法把他从人生的迷雾中领出来。但了凡先生真心地相信了云谷禅师给他的教诲。我们都听说过孺子可教这样一句话，现在看来，这可是对于一个人美好品性的重要肯定啊！想想看，一个人如果处在"不可教"的状态，不就变成了一块顽石了吗？

第二愚昧：口是心非。有些人表面上、口头上，对别人的规劝和引领也表示认同。等事后再看就会发现：他只是相信了一点皮毛，真正相信的内容中，更多的还是过去的他自己相信的。通常，这样的人把小我守得很紧，无法打开自己的心扉，也就无法接受高于他的能量。

如果了凡先生是这样的人，那恐怕就不会有他命运的改变，也就不会再有《了凡四训》传世了。

第三愚昧：绝不践行。有的人尽管从内心里相信了别人的教诲，但就是不落实行动，更不会举一反三，也不会借机总结提升。说起来我们大家都明白，如果明白道理而不去践行，道理就不会自动地变成事实和结果。于是，人和事还是原来的样子。也有的人明白了道理就想着去践行，但行动措施不具体，不具有可操作性或者急于求成，结果违背了事物过程的规律。最终，不仅把自己累得够呛，还把周围也搞得鸡飞狗跳。这真是成事不足，败事有余啊！老子在《道德经》中说"上士闻道，勤而行之"，阳明先生说"知行合一"，即看似明白道理但却不去践行的人，就不能算是真明白。做人做事还需要掌握两个"方"，一个是方向，另一个是方法，如果方向对了但方法错了，自然，努力践行也不会有预期的好结果。

了凡先生听了云谷禅师的教诲，顿时大悟，于是发了大誓。这是十分勇敢地扭转自己生命的壮举啊！

第四愚昧：极其功利。有的人听到教诲或者指引，似乎像发现了满足自己功利心的秘诀那般兴奋。一边做着一点善事，一边想着自己会得到什么。这样的分心，就会把善事也做成了不干净的事情。因为分心，所以善事也做得不彻底，因此也就不会得到他特别想得到的。

了凡先生听了云谷禅师的教诲，虽然也在求取自己的功名，但是他十分勇敢地将自己内心的问题全部写了出来，并且立誓要做3000件善事。如此这般，这就跟那些"一边做善事，一边想功名的人"有了本质的区别。这也是了凡先生能够做善事而得功名的根本原因所在。

授功过格，持准提咒

云谷出功过格[1]示余，令[2]所行之事，逐日登记，善则记数，恶则退除，且教持《准提咒》[3]，以期必验。

[注释]

1 功过格：逐日登记行为善恶以自勉自省的簿格。上面有按善行大小记功和按恶行大小记过的标准，分为百功过、五十功过、三十功过、二十功过、十功过、五功过、三功过、一功过；功为正分，过为负分。奉行者每夜自省，将每天行为对照标准，给各善行和恶行打分，只记分数，不记其事，分别登入功格或过格，月底作一小计，功过相抵，每月一篇。结余的分数功或过，转入下月或下年，以期勤修不已。后来，莲池大师将当时流行的功过格"稍为删定，更增其未备"，易其名曰《自知录》。

2 令：使。

3 《准提咒》："咒"是佛菩萨在禅定中发出的秘密语；《准提咒》是准提菩萨说的，具有无量功德，详见《准提陀罗尼经》。"准提菩萨"是观世音菩萨在密教里的化身。准提咒的全文是：南无飒哆喃，三藐三菩陀，俱胝喃，怛侄他，唵，折戾主戾，准提娑婆诃。

[译文]

云谷禅师见我发誓要做三千条善事，就拿出一本功过格指示给我看，要我把所做的事，一天一天地都登记下来，善的是功就记数，恶的是过就扣除。并且教我持准提咒，以保证命运必能改造成功。

[命运第 23 道] 那些效率超过常人十倍以上的人，必是善用工具的人。

此处出现了一个重要的概念，就是"功过格"，这是中国古人修行过程中一个极其重要的道具。

从古至今，很多愿意修行的人都遇到过三个重要的瓶颈：一是只一味读经但没有落地的方法；二是时断时续，不能够连续持续地进行；三是基本依靠自己的理解，遇到问题或者出现了偏差，也没有找到合适的人帮助或者及时纠正。

众所周知，不能落地践行和出效果的学习，就很难增长自己的智慧，最多算是一个纯粹的读书。自己一个人来完成持续的自我升级，这对大部分人来说几乎是不可能的，因为过去的惯性太强大。所以修行的人，很重要的一个借力方法，就是要拜师父，并且要经常跟着师父去修行，接受师父的指导。否则，自己一个人傻读瞎练往往也容易走火入魔。

"功过格"，就是一个方便修行者连续修行的工具，就是记录自己每天功与过的一面镜子。借着这样一个工具，让自己不断地积累，形成生命中正确不断增长、错误不断减少的一种趋势，命运不就自然地改变了吗？

据说，在现实中有修行愿望的人，一年之后依然能够坚持的、三年形成习惯的，可能也就万分之一！看来，真正要修成人生的功夫，不能保持连续性是做不到的。至于说不修行的人，那就更没有功夫可言了，面对人生中的各种事件，不管好事还是坏事，恐怕只有挨打的份儿——来了好事儿会让自己变坏，来了坏事会让自己变得更坏，从而把所有的事儿都变成更坏的事儿！

由此来看，人生幸福，人间正道，唯有修行这一条路才能到达美好的未来！

语余曰："符箓[1]家有云：'不会书符，被鬼神笑。'此有秘传，只是不动念也。

"执笔书符，先把万缘放下，一尘不起。从此念头不动[2]处下一点，谓之混沌[3]开基[4]。由此而一笔挥[5]成，更无思虑，此符便灵。凡祈天立命[6]，都要从无思无虑处感格[7]。

［**注释**］

1 符箓（lù）：道士画来驱使鬼神的符号。一念不起是谓"诚"，这是书符、念咒是否灵验的关键。"万缘放下，一尘不起"，这是功夫，要练。

2 念头不动：不再生起念头。

3 混沌：天地未开的状态。

4 开基：奠定了全道符的根基。

5 挥：舞动。

6 立命：建树自己的命运，亦即改造自己的命运。立，建树。

7 感格：感应通达。

［**译文**］

云谷禅师对我说："专门画符的人有一句话：'画的符不灵验，鬼神都要笑话。'画符灵验的秘诀是：画符时不动念，无思无虑。

"提起笔来画符时，先把心里所有的事都放下，全神贯注，就连一个细微的念头也不起。在无念的时候下一点，这一点就叫作混沌开基，它奠定了整道符的基础。由此而一笔画成，在这过程中亦不起念，这道符就灵验。凡是祈求上天、改造命运，都要进入专注而没有杂念的境界，来感应通达。

［命运第 24 道］制心一处，是一切奇迹的秘诀！

在这一段内容当中，云谷禅师借着道教中"画符"这件事，说明了一个重要的道理：符箓只是个道具，关键是"五心"——静心、净心、精心、专心、善心。至于说借着符箓去祈求上天改变命运，也许这只是中华文化中的一种仪式感，而真正的秘密是改变了自己的心，让自己心的状态与天地万物和人心的规律相合，因而在自己的心中去除了浮躁、产生了智慧。正所谓"静能生慧，净能生灵，精能生力，专能生奇，善能生安"。说到底，是整理了自己的内心，是一项修心的功夫，是让自己的主观合于规律的能力，所以才会有灵验可言。离开了自心的清净与觉悟，去妄求天意利己，那注定就是迷信了。所谓迷信，往往就是只执着于形式，却不明其本质；执着于利己，却不明利他。从迷信走向对正道的信仰，才能打开人生的光明之门。

"孟子论立命之学，而曰：'夭寿不贰'[1]。夫夭寿，至贰者也！当其不动念时，孰[2]为夭？孰为寿？细分之，丰歉不贰，然后可立贫富之命；穷[3]通[4]不贰，然后可立贵贱之命；夭寿不贰，然后可立生死之命。人生世间，惟死生为重，曰夭寿，则一切顺逆皆该之矣。

［**注释**］

1 夭寿不贰：出自《孟子·尽心上》："夭寿不贰，修身以俟之。"意思是不论寿命长短，对待天命的态度都没什么不同，修身养性，等待天命。夭，短命。不贰，没有分别。齐注：顺逆不贰，心才能够定下来，才能够安贫乐道，这是改造命运的基础。孔子的学生颜回是安贫乐道的典型，孔子称赞他说："一箪食，一瓢饮，在陋巷，人不堪其忧，回也不改其乐。贤哉，回也！"

2 孰：谁，什么，哪个。

3 穷：境遇恶劣没有出路。

4 通：环境顺利发达。

［**译文**］

"孟子在论述改造命运的立命原理时，说道：'要对短命与长寿没有分别心。'人们之所以在意短命与长寿的问题，那就是起了分别心了！要对短命和长寿没有分别心，而修身以待，这样就能够改造命运了。孟子立命之学的真谛是要告诉人们：不要在夭或寿、歉或丰、穷或通上起分别心。顺境不起贪爱，逆境不起瞋恚，而是要在'修身以待'上下真实功夫，这样就能转夭为寿、转歉为丰、转穷为通、转逆为顺。

"可是，当我们不起心动念去爱憎取舍，无思无虑时，哪有什么短命长寿！若是细细地分开来讲，要把丰和歉看得没有两样，才可以把本来贫的命转成富的命；要把困苦和发达看得没有两样，才可以把本来困苦的命转成发达的命；要把短命和长寿看得没有两样，把生死置之度外，才可以把本来早死的命转成长寿的命。人世间生死是最重大的了，所以孟子只说了'要对短命与长寿没有分别'，其实对一切顺逆的境遇，例如富贵和贫贱、发达和困苦、长寿与短命，不要有分别，都包括在这句话里了。

［评注］

这里是说：一个人若能对生死处之泰然，则无论处顺境、处逆境，都无不泰然。在这样的境界上来立命，自然是水到渠成。文正公天祥在《正气歌》中写道："嗟哉沮洳场，为我安乐国。"就是达到了顺逆不贰，生死泰然的境界。

对于有志气的人来说，逆境是成就他的学校，是玉成之地。"故天将降大任于是人也，必先苦其心志，劳其筋骨，饿其体肤，空乏其身，行拂乱其所为，所以动心忍性，曾益其所不能。……然后知生于忧患，而死于安乐也。"

《孟子·告子下》意思是说：所以，上天要把重任交付给这个人时，一定先要困苦他的心志，劳累他的筋骨，饥饿他的躯体，穷乏他的身家，扰乱他的行动，使他处处遭到挫折，为的是要磨砺他的心思，坚韧他的性情，增益他还做不到的。……然后我们就知道，忧患使我们振奋、发展，而安乐使我们堕落、消亡。

云谷禅师非常强调"不动念"这一功夫：只要不动念，则顺逆不贰；顺逆不贰，然后可立贫富、贵贱、生死之命。这说明在改造命运中，不动念之重要。在最初阶段至少要做到：顺境中，不得意、不贪恋；逆境中，不灰心、不瞋恚。

［命运第 25 道］只要心不生二，即可省去大部分烦恼。

说来说去，问题就更加明确了：只要心中有私、只要心中有躁、只要心中有偏见和成见，就会扰乱生命与人生的和谐。能够剔除上述这些心思乱动的毛病，才能减少主观人为给自己增加的烦恼，才能降低对自己生命的损耗，才能达成最好的命运结果！

在人生中，人们习惯了平面思维，不少的人使用的是"二元对立"的思维，比如顺逆、好坏、是非、成败、对错、高低、天人、贵贱、贫富、夭寿，等等。在这种两极的变换中，人心和状态随之起伏，这让很多人受尽了折磨。云谷禅师指出，这是人的分别心在作怪，他给出的药方是"不贰"，也就是合一的意思，只有"顺不喜，逆不哀；贫不贱，富不狂；成不骄，败不馁"，才能够保持自己的心不随外事外物的变化而起伏，方能做自己心灵的主宰，而不做外事外物牵动的木偶。这才是在外部变化情况下人的正常状态，这样才能领悟万事万物变化的规律，才能跟随规律和运用规律，进而改变命运。

一旦自以为是了，也就没有定力了，人生和命运就会如风中飘浮的枯叶，就再也没有了自主和主导的能力。若是进入到了这种状态，还谈什么命运呢？

"至修身[1]以俟[2]之，乃积德祈天之事。曰'修'，则身有过恶，皆当治而去之；曰'俟'，则一毫觊觎[3]，一毫将[4]迎[5]，皆当斩绝之矣。到此地位，直造[6]先天之境[7]。即此便是实学[8]！

[注释]

1 修身：改善自己的身心品行。

2 俟：等待。

3 觊觎（jì yú）：非分的希望。

4 将：追逐。

5 迎：预计迎合。

6 造：到。

7 先天之境：父母未生之前的本来面目，即本性。

8 实学：不是玄谈，是可以实施而得实效的学问。

[译文]

"勤于修己，修好自身，不用刻求，后面发生的就是积德以感通上天的过程。说到'修'，则自己所有的过恶，都应当整治去除；说到'待'，是要等到修身的功夫深了，命自然就会变好。切不可以有一丝一毫非分的企求，也不可以去追逐迎合；如果有的话，都要完完全全斩绝去除。像医生治病一样，把这些过恶除掉。到了这个境界，进而返本还原，显出清净、智慧、大能的本来面目。这便是真实的学问！

[评注]

"即此便是实学！"云谷禅师一声棒喝，如雷贯耳。这一段是说：我们要通过"改过、积善、谦德"来立命，千万不要有非分的希望和追逐迎合、患得患失的心理。因为如果有的话，不仅内心时时受到煎熬逼迫，妨碍进步；而且在唯恐得不到时，会采用不道德，甚至非法的手段。这样做，命运不但不会转好，而且会变坏，这哪里是当初立命的意思呢？因此，修身俟命，就是心要定，要"不问收获，但问耕耘"。居里夫人的名言是："吐我们的丝，织我们的茧，不问原因，也不问结果。"所以，在改造命运的过程中，不能有企求之心，要无思无虑，至诚专一，奋勇直前。

"不问收获，但问耕耘"，此乃立身处世之上策。然未有勤于耕耘而无收获者，故谚云："种瓜得瓜，种豆得豆。"

这里，云谷禅师不仅向了凡先生阐发孟子立命之学的真谛，同时也要他培养自己的定力。

［命运第 26 道］修心，就是改变命运的源头。

云谷禅师说到此，他为了凡先生所阐述的思想智慧，总算是有了一个比较圆满的景象。

在此，云古禅师的智慧可以用"五心"来表达：一是一切的修行，核心是修心；二是修行的过程，关键是诚心；三是对修行进程，务必有耐心；四是对修行结果，必须要无心；五是遇到问题时，要保持恒心。

一说修心。人的心，是自己行动的发源地，人的心是对接万事万物的关键通路。当人的心不干净时，接收到的信息也会被污染。根据被污染的信息进行判断并驱动自己的行动，就会产生错误的做法和结果。

二说诚心。行动中带着私心杂念，就无法正确和准确领悟人和客观事物的规律，就会被私心杂念引领到错误的方向上。如此这般，就会越做越错。

三说耐心。我们都熟悉"不以人的主观意志为转移的客观规律"这样一句话，因此，当我们做事时，如果主观试图违背客观规律，如自以为是或者急于求成，就会把事情搞砸搞坏。明白了这个道理，我们就会有耐心跟着规律的速度与频率往前一直走下去。

四说无心。做事的过程中，要静心体悟事情的规律，不能总想着自己想要的结果。做事过程中涉及他人时，要用心去体会跟自己不一样的他人的感受，及时调整自己做事的方法，跟对方的感受和正确的方向进行最完美的对接。即使有一些进步或者有一些成就，也必须做到无心，不能因为进步和成就而生出自满的心。

五说恒心。做事的过程中难免会遇到挫折，甚至是失败。在这样的时刻，务必要小心，不要出现情绪反应，要躬身内省，检查方向正确性的纯洁度，去除杂质，并在保持方向正确的情况下，变通思维从而找到有效的方法。

反观现实就会发现，"低头走路撞树上，遥望前方易摔跤"。可古人又教育我们"但行好事，莫问前程"。现实中的现象和圣贤的教育，里面藏着什么样的玄机呢？通过上面的学习，我们似乎已经摸索到了这个规律：

第一，人要立大志，拉长生命的"时间线"，不能只在"短线"上思考人生。看问题、追求价值的"时间线"要变成整个人生区间和空间，乃至于对区间的超越和空间的持续扩大。

第二，在"人生时间线"和"生命价值群"的高度思考利益的结构，避免一味地追逐眼前小利与偏利，而失去了组装人生利益大局的能力与机会。

第三，大志立下之后，永刻于心。而后就是扎扎实实做好每一件事，把事情做成作品，用作品来证明人品，把每一个价值堆砌成通向未来理想的一个个台阶，不断地修正、总结提效、改进增效，最终，就能踩着现实走向理想！

仔细想想，这样的人生路线图是多么美妙啊！

"汝未能无心，但能持[1]《准提咒》，无记无数，不令间断，持得纯熟[2]，于持中不持[3]，于不持中持[4]，到得念头不动[5]，则灵验矣。"

[注释]

1 持：持诵，即恭敬地读诵或背诵。

2 持得纯熟："动即万善相随，静则一念不起"，到此境界，水到渠成，命自然就转了。又，念"南无观世音菩萨"或者"南无阿弥陀佛"，亦能达到这一境界，效果极佳，这是许许多多人的实践经验。可以出声念，可以不出声心里念，也可以嘴唇动而不出声。无论采用哪种方式，要紧的是：要诚要敬，发于心，出于口，入于耳，念得字字清楚，听得声声分明，不间断，不夹杂。

3 持中不持：念咒时十分真诚专注，已经不知道自己是在念咒了。

4 不持中持：不念咒时，下意识还在念。即念佛人常说的"念而无念，不念而念"的境界。

5 到得念头不动：证入无念无不念境界。

[译文]

"你还做不到'心上无事，事上无心'，但是可以持诵《准提咒》来修心，以达到专注而无杂念的境界。念咒时，不要记次数，也不要间断，念得纯熟了，于念中不念，于不念中念，当证入无念无不念境界时，念的咒就灵验了，感应自然现前。"

［命运第 27 道］人人都在"持咒"，只是内容不同罢了！

说到"持咒"，容易出现两种极端倾向：一是不修行的人认为这是宗教中的迷信，所以很排斥；二是修行中的人持咒过程中，带着自己的私念，听信了一些人所说的持咒如何灵验的误导。结果越念越心急：不是说很灵验吗？怎么还没有灵验啊？

曾经有一位朋友跟我说起了他的感受，这位朋友很不简单，修行上下了很大的功夫，听一位师傅讲持一种咒，能够除一切苦并能获得大智慧。那个咒非常有难度，但他坚持了一年半，然后给我打电话说：持咒一年半没有任何效果，所以放弃了。他问我这样做对不对？我告诉他，持咒是用来修心的，在你持咒时，若是心中不干净、不安静，就是修的功夫不够，或者持咒的目的本身就有问题了。你持咒的目的是让自己静心，如果总想着何时才能灵验，那持咒也就失去了修心、安心、净心的作用了。

实际上，"持咒"是修行中的一个方法，是借助持咒来修心，以达到专注而无杂念，从而达到"心上无事，事上无心"的境界。持咒是一种借助于善语或者法语的力量来遏制心中杂念、魔念的一种方便法门。是一种修行的方法！

　　大家觉得持咒很神秘，有人觉得是故弄玄虚，也有人认为是封建迷信。

　　如果有人告诉你，你虽然不是某个宗教的信徒，也不是那种近乎痴迷的修行者，但你平时却也是"持咒"的，你会感到惊讶吗？

　　佛教中的咒语，是修行的大觉悟者，也就是我们知道的"菩萨""佛"他们的心音，换句话说就是，是一个修成正果的人所使用的修行方法。你是否觉得，不管信还是不信，此事都是需要值得重视的呢？

　　如果你觉得那些还是有点玄乎，那你相信座右铭吗？你相信不管什么道理，只要我们真心去重复吟诵就会对我们产生重大影响？听说过"谎言重复一万遍就是真理"这句话吗？这当然说的是在人间反复重复的东西对人心所产生的作用，倒不是真的"谎言变成了真理"。

　　你可以再去看，那些人生中命运总是出现波折与灾难的人，他们都是"持咒"的，只是他们持的是自己的咒：那些不由自主、反复重复的话语。只是他们日用而不知，有耳朵却听不见，那种负面的心音是向外反复的、无数次的发送和释放，他们走过的地方都会留下黑暗的气息和让人不爽的气味，让人们总是躲避或者防护。想想看，人到了这种状态，你说命运会好吗？

　　俗人"持咒"，自然持的是"魔咒"，也就是释放和发送负能量，并不断地重复和传播。比如，一些极其低俗的"口头语""国骂""恶毒词汇"，排斥性、负面性、偏见性、自恋性等用词或者表述方式。你的感觉可能有两个：一是听到后不舒服，二是会发现这样说话的人神态有点狰狞和邪恶，让人心生厌恶。你看，有些人甚至很多人，有的时候，不知不觉中已经在持咒了，可惜的是，他们竟然持的是魔咒。

若干年前，我们在做演练作业时，使用过一种很简单的技术，就是提取一个人心中的咒语，需要进行半个小时，我们的角色是陪聊，主要是做些呼应，更多是倾听，不能表态，但会用各种表情动作让对方表达得很痛快，而且不限主题，也就是自由开放的话题。这半个小时的时间里，一个人内心的咒语就可以被提炼出来。说白了，就是他喜欢的话题、重复频率最高的那些字词或者口头语、他习惯性的表达方式、背后的思维方式等。当你把给他提炼的咒语交给他看时，他会有点惊讶，不少的人会否认。但当使用录音的方式让他重复听一遍时，他自己都被震惊了！

人们总期望"心想事成"，估计可能性不大。但若是"持咒"——也就是你嘴巴上总在说的——也是替你的心说的，估计会增加出现的可能性吧。当然，过去总听老人提醒年轻人：不好的事别念叨，念叨念叨就来了。也许是人的第六感之类的能力提前已经感知到了吧？！于是，能够管住嘴，学会倾听，就成了一种修养！老人们还会说：没成的好事别到处说，会吓跑了它的。哈哈，老人们也许说的是经验之谈，但背后却不无玄机啊！似乎，所谓的好事坏事都是先悄悄地走来，只是一招呼它们，好的跑了，坏的却来了！你能参透这过程中发生了什么吗？

修行中，人心中的杂念是最难去除的。只要心有杂念，就无法进入智慧之门，因为私心杂念这些低级的念头会干扰智慧的出现。对此，修行的师傅们想了很多办法，就是为了排除私心杂念的干扰。持咒去杂念，甚至有的使用连续数数的方式，来避免杂念的出现，但这些方法略显消极。

实际上，所谓的念头或者私心杂念，只不过是智慧的另外一种形式。正如"烦恼即菩提"这句法语所言，我们没有觉悟，没有想通，没有想明白的事情，就会变成私心杂念，就是我们智慧不够时所欠下的心债，那些不断涌上心头的私心杂念，就是来要债的。当然，我们已经想明白了的事情，就不会再以念头的方式来找我们。因此，面对着主动找上来的私心杂念，积极的办法就是勇敢面对，"捉念头、破念头"，跟这些念头进行对话，自己做不到时可以请师傅帮忙，这样，破一个念头，就少一个念头，就会长一份智慧，烦恼就会转化成智慧。这样下去，随着对念头背后的规律的破解，就会造成一种烦恼与智慧的此消彼长之势，并使得智慧呈现一种迅速增长的势头，直至究竟圆满，再也无自己的念头产生，心中被智慧充满，如此就能成就人生的圆满。

深信笃行

余初号"学海"，是日改号"了[1]凡"；盖[2]悟立命之说，而不欲落凡夫窠臼[3]也。

[**注释**]

1 了：了却；结束。

2 盖：因为。

3 窠臼：老套子。

[**译文**]

我原来的号叫"学海"，当天我就把它改成"了凡"，意思是"不再做凡夫"，因为我已经明白立命的道理，不愿再做受命运摆布的凡夫了。

［命运第 28 道］改名能改命？不解玄机，都是枉然！

实际上，不少的朋友可能忽视了了凡先生改名的一个重要细节。准确来说，袁先生没有改名字，而是改了"号"。古人的名字中，包含了姓氏、名、字和号，当然，小时候可能还会有小名，也就类似于现在的爱称或者昵称，里面也包含着中国的文化含义。当然这是对那些有文化的人而言，普通百姓名字可能很简单，而且多半不会再有号。

有人将中国人姓名中的文化称为"姓名学"。简单点来说，姓氏，这是祖宗和家族的文化之根；紧接着，古人把名和字也是拆开来用的，通常都是由家中的长辈或者请文化人帮忙起的。普通人可能会有"名"，但不一定有"字"，可见，"名字"中更多地代表着父辈或者长辈对后代的期待。当然，有文化的大家族还会通过"选字"来排辈分，这样，就能够让一个姓氏的大家族中在辈分上很清楚。在近代，我国的某些地区，女士结婚后会有一个与夫家姓氏结合的"组合姓名"，就是自己的名字不变，但把娘家和夫家的姓氏放在一起。实际上，在国外一些国家，女士结婚后也会有类似的操作。这种"组合姓名"的文化倒是体现婚姻关系的一种很特别的文化方式，也是值得我们探索的。

中国的文字很神奇，名字号中也有乾坤。曾与一些有文化功底的朋友谈论起起名改名的事，大家渐渐形成了一个共识：

一是家中老人给起的名字，只要不犯忌讳，原则上不改，而应该用心体会家中老人的期望。有时，改名字会让老人伤心，也会折他们的寿。

二是名字用字不宜过繁、过偏，起名字不能用很多人不熟悉的字或者容易念错的字，否则，时间久了会有各种莫名其妙的疑惑加诸其身。

三是名字寓意不宜过俗或者过高、过大。过俗，会让人笑话，也难登大雅之堂；过高，会给人带来巨大负担，或者自视清高，或者让人耻笑。

四是名字寓意要正面、阳光、向上，因为一生中自己要写自己的名字无数次、介绍自己时也会说自己的名字。当然，名字也会被别人不断地叫无数次，一声声呼唤啊！

五是名字寓意不宜模糊不清，或者让人理解困难。

六是名字的第二步关键，就在于如何从文化的内涵上进行深度和高度的解析与解读。这一条，也许胜过了许多前面的考虑。

从此而后，终日兢兢[1]，便觉与前不同。前日只是悠悠[2]放任，到此自有战兢惕厉[3]景象。

在暗室屋漏[4]中，常恐得罪天地鬼神。遇人憎我毁我，自能恬然容受。

［注释］

1　兢兢：小心谨慎。

2　悠悠：闲散。

3　惕厉：危惧。

4　暗室屋漏：意指人所不见之处。屋漏，古代内室的西北角施设小帐的地方。

［译文］

从此以后，我终日小心谨慎，便觉得与从前不同。从前只是随随便便，放任自己；而现在敬畏慎重，唯恐有过失。

在无人之处，也常恐得罪天地鬼神，遇到有人憎恨我、毁谤我，自然就能够平顺容受而不予计较。

［命运第 29 道］笃行，不自欺，接受神明监督，改命就会飞速。

从了凡先生得到云谷禅师的开释之后，似乎一下子就开了窍，心里去掉了一些相对负面的能量，又增加了一些比较正面的能量。也许这就是掌握人生命运原理，开始了改命的历程吧。下面，我来梳理一下，看看从中我们能够提取出一些什么样的收获来。

第一，知识是基础，知识不够必然会无知。之前，了凡先生是姓袁，名黄，字坤仪，号学海。看来，这位袁先生真是个好学之人，正所谓学海无涯苦作舟。对于任何人来说，学习和掌握浩如烟海的知识，都要能下刻苦的功夫，没有捷径可走。

第二，知识之上是智慧。但要领悟人间的智慧，则需要用心去悟，这就不是简单的努力和刻苦能够做到的。在了凡先生明白命运的大智慧之后，也就改了自己的"号"，从"学海"改成"了凡"。这也是了凡先生以此表达自己修行决心和明确努力目标的一个举措。

第三，有觉悟才会有敬畏，无知者无畏。了凡先生的转变也正应了那句"知者敬道，无知无畏"的古训。无知者，是指不了解命运规律的人。不了解规律，也就谈不上对规律的敬畏。因为不了解，也没有敬畏，所以会经常违背规律而受到规律的惩罚，这就是许多人苦恼的原因。了凡先生在了解命运的规律之后，也自然就升起了敬畏心，做事变得小心谨慎，再也不像过去那样放纵、放任自己。即使是一人独处一室，也体会到了慎独的道理，也能体会2500年前卫国大夫蘧伯玉"不欺暗室"的境界。

第四，改号以明志，开启新征程。这就是改名立信笃行。有的人听了无数次正确的道理或者别人的点拨，却一直用自己过去的思维进行理解、为过去和现在的自己辩护。即使偶尔动念要修行、要改变，但很快就忘记了。所以，要改命，必须发大愿，否则，自己的心不启动，别人拖着你又能走多远呢？

第五，最宝贵的品质是"可教"。了凡先生向云谷禅师坦陈心迹，接受引导。这让人想起了一句话："孺子可教也。"这句话实际上是对有灵性的人一句很不错的肯定。想想看，若是我们听到"此人不可教也"这句话时又是何感受？用我们现在流行的话来说就是"你永远叫不醒一个装睡的人"。很多人之所以接不住改命的机缘，就是困在自己小我中太久，甚至形成了自我的一个牢笼。这样的人，低级的、散乱的、表面化的、充满偏见的思维和思想犹如一个硬壳一样坚固，而且还在不断地进行加固，也就是总在自我辩护。想想看，为过去辩护的人会有未来吗？为自己辩护的人，怎么会有更好的自己？老子说："善者不辩，辩者不善。"

第六，不欺人、不欺天、不自欺，至诚通天。关于不欺暗室，这涉及人对待自己的修行的一个基本的态度。

记得有人问过出家师傅一个有点伤人的问题：你会在没人看见的时候偷着吃肉吗？

信众：师父，我想问一个不太恭敬的问题可以吗？

法师：请讲！

信众：您在公众场合都是吃素食，您一个人在房间的时候会不会吃肉呢？

法师没有回答问题，反倒问：您是开车来的吗？

信众：是的。

法师：开车的时候要系安全带，请问您是为自己系还是为警察系？如果是为警察系安全带，有警察的时候您肯定会系，没警察就不一定了。如果是为自己系，有没有警察都要系。是这样吧？

信众：噢，我明白了！

先中举人

到明年[1]，礼部考科举[2]，孔先生算该第三，忽考第一，其言不验，而秋闱[3]中式[4]矣。

[**注释**]

1 明年：公元 1570 年，了凡先生 35 岁。

2 礼部考科举："礼部"相当于现在的教育部；秀才考举人，称为"乡试"，在省里举行；明朝规定，秀才先要到礼部预考，考取后才有资格参加乡试，礼部的这种考试就叫"考科举"。

3 闱：科举时代的考场。因为考举人的乡试在秋季举行，所以乡试称为"秋闱"；考进士的会试在春季举行，所以会试称为"春闱"。

4 中式：考试取中。

[译文]

明年到礼部预考，孔先生算我该考第三名，忽然考上第一名，孔先生的话开始不灵验了，而秋天的乡试，我考中举人。

[命运第 30 道] 改命灵验与否，要看启动了什么程序！

立命一年就考上举人，真是立竿见影，使了凡先生备受鼓舞，这是真信、切愿、力行的果效。他的命从此朝好的方向转变，立命开始见效。

命运这事，让谁想想都觉得是顶难的事，了凡先生一年就见效，这可真的称得上是奇效了！只是这奇效是如何发生的呢？或者说，在了凡先生的命运过程中到底是什么力量导致命运发生了这样的变化？让我们一起来梳理一下：

第一步："宿命之结"解开了，心灵解放了。因为前期被算中很多事情，于是了凡先生在自己心里系上了一个宿命的死结，让他郁闷不已。从他与云谷禅师一起在禅室中"枯坐"三天三夜那种"活死人"的样子，就可以看出宿命的厉害！经过云谷禅师一番循循善诱的开导，那个宿命的死结终于解开了。于是，了凡先生迎来了自己心灵的解放。我们可以放开想象一下心灵被解放后的感觉，想象一下压在心头的一座大山被搬开的感觉，那是犹如长出翅膀飞翔的感觉，那将是新生的开始，也将是迸发出巨大能量的开始。

第二步：心灵的天晴朗了，前进的方向明确了。从云谷禅师的开示中，了凡先生懂得了命运可以通过内求、改过、积善、谦德而改变，这一方面驱散了宿命的阴霾，另一方面也明确了修行改命的方向。于是，自己所向往、所追求的美好人生，终于展现出了若隐若现的画面，这是让灵魂兴奋、热血沸腾、生命燃烧般的力量。没有了心灵的桎梏，又长出了翅膀，当然，后面就是要飞翔了。

第三步：受教、笃信独行，发宏愿定目标砥砺前行。能够接受教化，关键是跟着走而没有为自己的小我做辩护，实实在在地采取行动，发愿、践行。相比较而言，不少的人也许遇到了机缘，可这些人不受教、不全信，总在找理由为过去和现在的自己进行辩护，因此，也进入不了实质性的行动。于是，也就不会改变命运。

第四步：发愿、改过、积善，重要的是目标要明确。这样的做法，就让自己心中的负面能量迅速得到控制和减少，同时正能量会不断增加和自我蓄能、自我激励。于是在了凡先生的心灵世界中，善恶正反两种力量开始出现了善长恶消的新态势、新趋势。这种内在力量的改变，驱动着外部的行动并呈现在结果中，于是，命运的景象就改变了。

然行义未纯，检身多误。或见善而行之不勇，或救人而心常自疑；或身勉为善，而口有过言[1]；或醒时操持[2]，而醉后放逸[3]。以过折功，日常虚度。

[**注释**]

1 过言：错误的话。

2 操持：执持。

3 放逸：放肆而行为出轨。

[**译文**]

在改过积善的初期，我虽然十分努力，但是应该做的事，做起来仍然有些勉强，并且心存杂念；检查自己的言行，失误之处仍然很多。或是看见善事，虽然做了，但不是勇往直前；或是到了救人的时候，心中还犹豫不定；或是在行动上勉强为善，而口头上却常说错话；或是在清醒时尚能把握住自己，酒醉后却放肆胡来。功过相抵，许多日子是白白地过去了，并没有积得善。

[**命运第 31 道**] 对自己缺点下手狠的人，改命的效果就很显著。

这可真是"人生难得，改命很难，自审不易"。总听人们说，人都是被自己打败的。至于那些对手或者敌人，只不过是帮助当事人打败当事人的帮手。也总听人们说，不自欺、不欺天，对自己下手狠的人，注定是天下无敌的人。

很多时候，我们看别人时只能看到别人的结果而看不见别人隐藏在结果背后的内在心理过程。所以，只是羡慕别人成绩的人，往往并不懂得别人内心里所完成的那样一场艰苦的战斗。在这方面了凡先生可谓是我们的楷模。

在了凡先生改命修行的初期，他没有完全被修行后出现的进步和惊喜所迷惑，相反，他竟然还在自我审视心底那些不彻底、不干净的力量：

第一，虽然十分努力，但是应该做的事，做起来仍然有些勉强，并且心存杂念。

第二，看见善事，虽然做了，但不是勇往直前。

第三，到了救人的时候，心中还犹豫不定。

第四，在行动上勉强为善，而口头上却常说错话。

第五，在清醒时尚能把握住自己，酒醉后却放肆胡来。

第六，功过相抵，许多日子是白白地过去了，并没有积得善。

多么细微的自我审查，多么用心地区分正负两种力量的交杂，多么具体地找到了那些细节！

现代的人，也会时常总结，但更多的是总结工作，而不是总结自己。即使是总结自己，也往往是大而化之，十分笼统，甚至很表面化，难以深入到灵魂深层！

记得伟大的人和领袖都曾经说过，个人的成功与伟大事业的成就，都需要勇敢的自我革命精神来做支撑！而自我革命就是让自己内在精神甚至是灵魂力量不断强大的过程。而我们也知道，命运的一个基本原理就是内在决定外在。

说到这里，我们也许就能更清晰地看到了凡先生之所以能够改变命运的那个内在决定力量和那个心灵世界中的正反两种力量此消彼长的动态画面。不知你看到这里，会不会有那种按捺不住或者跃跃欲试的感觉呢？

自己巳[1]岁发愿，直至己卯[2]岁，历十余年[3]，而三千善行始[4]完。

时方从李渐庵入关，未及回向[5]。庚辰[6]南还[7]，始请性空、慧空诸上人[8]，就[9]东塔禅堂回向。

[注释]

1　己巳：公元 1569 年，了凡先生 34 岁。

2　己卯：公元 1579 年，了凡先生 44 岁。

3　历十余年：经过十多年。从前是用虚年、虚岁，例如一个孩子生下来一年零一个月，就说他的年龄是两岁。了凡先生完成三千善行的时间，按照当时的说法是历时十一年，而按现在的说法是历时十年。

4　始：才。

5　回向：将自己所修的功德，回转给某人某事。了凡先生是在求举人时，许愿行三千善事以报天地祖宗的恩德，现在完成了，就需要回向还愿。

6　庚辰：公元 1580 年，了凡先生 45 岁。

7 南还：回到南边的家乡。

8 上人：对比丘和比丘尼的尊称。

9 就：依照情况，方便地使用。

［译文］

从己巳年发愿，直到己卯年，一共经过了十余年，我才完成所许下的三千善行。

那时候我正随从李渐庵入山海关，公务在身，没来得及回向。直到第二年，回到南边的家乡，方才请性空、慧空等大和尚在东塔禅堂回向。

［命运第 32 道］修行就是修理自己，要有行动，直指目标！

在这一段的内容中，了凡先生介绍了他修行的过程，体会到了真信、切愿、力行的果效，比孔先生所预测的时间提前考中了举人，破解了当初孔先生给他算命时确定的时间，这让他对修行进一步充满了信心，也体现了立命之学的巨大功效。

同时，了凡先生也明显地提高了觉知自己的能力，对自己在修行过程当中存在的问题也有了认识的能力，如勇气上还做不到恒定，做起善事还心存杂念，还会有不少说错话、做错事的时候。感觉自己状态不稳定，基本上功过相抵。

改命修行的初期，人所思所行还带着过去的痕迹，还不干净，也不彻底。但即使如此，因为人生的价值方向变了，虽然因为时间尚短，修行的功力尚浅，但也已经发生了变化的奇效！

最终，用了十余年的时间，才完成了当初发愿时定下的3000善行。当然这也是很了不起的了。粗算起来，十年三千余天，完成3000善行，接近于"日行一善"的标准。当然，若是再勇猛精进一些，如能做到"日行十善"，那只需一年的功夫就可以完成3000善行。

值得注意的是，行善的修行者，要做"回向"，这也是给修行者设置的一个"回路"，以避免个人因为行善而将所有的功德据为己有，避免形成正能量的"短路"和内心生出新的障碍。

次求生子

遂起求子愿[1]，亦许行三千善事。辛巳[2]，生男天启。余行一事，随以笔记；汝母不能书[3]，每行一事，辄[4]用鹅毛管，印一朱圈于历日之上，或施食贫人，或买放生命，一日有多至十余圈者。

至癸未[5]八月，三千之数已满。复请性空辈[6]，就家庭回向。

［**注释**］

1 愿：发愿。

2 辛巳：公元 1581 年，了凡先生 46 岁。

3 书：写字。

4 辄：每，总是。

5 癸未：公元 1583 年，了凡先生 48 岁。

6 性空辈：性空等和尚。辈，指某一些人。

［**译文**］

回向完毕，我就起了生儿子的愿，也许下要做三千件善事来报答。次年，就生了儿子天启。我每做一善事，随即用笔记下来；你母亲不会写字，她每做一件善事，总是用鹅毛管在日历上印一红圈来记数，或是施送饭食给穷人，或是买动物来放生，有时一天多达十多个圈。

历经三年，到了癸未年八月，所许的三千件善事已经全部完成。于是我再次请性空等大和尚，在家里庭院中做回向。

［**命运第 33 道**］**全家一起修行，功力进步最大。不管文化程度，只要改过行善，就能改变命运！**

在一件事上取得了效果，验证了心中所坚信的信念，往往就会让修行者信心大增。于是，了凡先生在成功考中举人并回向之后，又开始了"求子"的第二个实验：许下 3000 善行的大愿，次年果真生了儿子天启。

了凡先生把这个过程告诉了儿子天启，同时还提到天启的母亲也一起做善事，尽管天启的母亲不认字，就用鹅毛管在日历上印一红圈来记数，或者买动物放生。尤其难能可贵的是，有时一天就能画十几个圈，真算得上是勇猛精进了。

有人也许会说，了凡先生做善事，但同时也有自己的索求啊？似乎修行的并不彻底，还有自己的私心。但是反过来想，对于红尘中绝大部分人来说，能够诚心诚意地做善事，认认真真改自己的过错，最后再做回向，即使是有个人一些生活中的索求，也已经十分难得了。大家想想看，若是人人立这种善愿，积极地去实施善行，勇敢地去改变自己的过失，最终还去做回向，那人间不也犹如天堂一般啦！

再求进士

九月十三日，复起求中进士愿，许行善事一万条。丙戌[1]登第[2]，授宝坻知县。

余置空格一册，名曰"治心编"。晨起坐堂，家人携付门役，置案上，所行善恶，纤悉必记。

夜则设桌于庭，效赵阅道[3]焚香告帝。

汝母见所行不多，辄颦蹙[4]曰："我前在家，相助为善，故三千之数得完；今许一万，衙中无事可行，何时得圆满乎？"

夜间偶梦见一神人，余言善事难完之故。神曰："只减粮一节，万行俱完矣。"

盖宝坻之田，每亩二分三厘七毫，余为区处[5]，减至一分四厘六毫。委有[6]此事，心颇惊疑。

适[7]幻余禅师自五台来，余以梦告之，且问此事宜信否？师曰："善心真切，即一行可当万善，况合县[8]减粮万民受福乎！"

吾即捐俸银，请其就五台山，斋僧一万而回向之。

[**注释**]

1 丙戌：公元 1586 年，了凡先生 51 岁。

2 登第：考中进士。

3 赵阅道：宋朝人，为人厚道刚直，官为殿中侍御史，弹劾时从不畏避权贵和皇帝宠幸之人，人称铁面御史。他每夜一定在庭院里摆上案桌，穿上官服，点上香，将日间所作之事一一向天帝禀告，凡是不敢禀告的，就不敢去做。真是"一片丹心可对天"！

4 颦蹙：皱紧眉头。

5 区处：区分处理；这里是清理核实的意思。

6 委有：确实有。

7 适：刚巧。

8 合县：全县。"就立即捐上俸银，斋僧一万"，了凡先生自奉简陋而布施慷慨，可见一斑。

[译文]

同年九月十三日，我又起了求中进士的愿，许下要做善事一万件来报答。过了三年，我五十一岁时考中进士，并由吏部授予宝坻县（今天津市宝坻区）知县。

我预备了一本有空格的小册子，取名叫"治心编"。每天早晨要去大堂上办公，就叫家人把这本小册子带给守门人，让他放在公案上，我当天所做的善事恶事，无论多细微，都要一一记下来。

晚上就在庭院摆上案桌，穿上官服，点上香，仿效赵阅道，将日间所作之事一一向天帝禀告。

你母亲看见所行的善事不多，总是皱着眉头说："以前住在家中，我帮着做善事，所以能完成你许下的三千件；现在你许下一万件善事，我们又住在衙门的深宅大院里，没有什么善事可做，这要到什么时候才完得成呢？"

当天夜里正好在梦中见到一位神人，我就把这一万件善事难完成的缘故告诉他。神人说："仅仅减粮这件事，你所许下的一万件善事就完成了。"

原来，宝坻县的粮赋，每亩田是二分三厘七毫，我见百姓负担太重，生活困苦不堪，就调查实情，禀报上司，上奏朝廷，最后将它减至一分四厘六毫，所以确实有减粮一事。我相当吃惊的是，神人也知道，还说它可抵一万件善事；是不是真的能抵，我就有些疑惑了。

正巧幻余禅师从五台山来，我就把这个梦告诉他，并问这事能不能够相信？幻余禅师回答说："只要善心真切，就是一次善行也可以抵得上一万件善事，更何况这全县减粮，是成千上万百姓受福的大事！"

我听了幻余禅师的话，确信自己已经圆了一万件善事的愿，就立即捐上俸银，请他在五台山斋僧一万，为我回向。

[命运第 34 道] 克己奉公、一心为民，能积大善之功。

了凡先生在完成两个实验并得到验证之后，又开始了第三个实验：许一万个善行，求中进士愿。结果，三年之后，果真在五十一岁时考中了进士，并由吏部授予宝坻县知县。

了凡先生让人帮着记录每天的善行，晚上还非常郑重其事地向上天汇报，有点儿像今天人们所说的"复盘"。

可是，当初许了一万个善行，这要多长时间才能做到呢？了凡先生的夫人为这事替他着急。有趣的是，他在梦中得到了一个启示，为民减税，救济贫苦的人，如此一件事就可以抵得上一万件善行。正巧又遇上从五台山来的幻余禅师，听了了凡先生所做的事，回答说："只要善心真切，就是一次善行也可以抵得上一万件善事。"值此，了凡先生又进一步彻悟，于是捐上自己的俸银去做回向。

至于说做梦时梦见什么人的事，既然是梦中所见，那就不能用现实眼光去看或者评判。只要是教你向善的就去执行，若是教你行恶的，那就是天王老子说的也不能信！

由此可见，善行的背后，必须能够做到善心真切，如此这般就可以改变善行的算法。尤其难能可贵的是，了凡先生还能捐上自己的俸银去做回向。

一个为百姓做善事的好官，好了百姓，好了国家，也好了自己，也为继续的好埋下了善的种子。

亦得长寿

孔公算予[1]五十三岁有厄[2]，余未尝[3]祈寿，是岁竟无恙[4]，今六十九矣。

[注释]

1 予：我，与"余"同。

2 厄：灾难。

3 未尝：不曾。

4 无恙：没有疾病、灾祸等可忧之事。恙，病、忧。

[译文]

孔先生算我五十三岁去世，虽然我没有祈求过长寿，五十三岁那年却平安无事地度过，今年我已经六十九岁了。

［命运第 35 道］算命为何不准了，因为你掌握了改命的能力！

在这个过程中，了凡先生的第四个实验也有了结果：

按照孔先生原来的算法，了凡先生只能活到 53 岁，这听起来让人有点儿悲哀和恐怖。可就在了凡先生行善的过程中，53 岁那年平安度过，已经活到 69 岁了。

这跟前面的三个实验有点不同，在前面的三个实验中，了凡先生都是许愿做善事，但同时也有自己的所求，求中举，求生子，求进士。但了凡先生并没有去求长寿，却在自己行善的过程中平安度过了被孔先生算定的那个死亡年龄，而且远远超过了，已经活到了 69 岁。由此看来，只要真心行善，勇猛改错，一心利人，诚恳回向，就会有一些意想不到的惊喜。这样的真心行善，就会全面地滋养自己的生命和人生。若是人人能够如此，岂不早就建设成了太平盛世？！

上述的结果和道理，对于今天的现代社会来说，也具有十分重要的启示意义。

现实中有人感慨："好人不长寿，坏人活千年。"这里存在着三个疑问：

　　第一个疑问，"好人"之疑：在现实中，是没有人说自己是坏人的，但大家也知道，周围貌似正常的人里肯定有没被发现的坏人。至于声称自己是好人的人，那倒是很多。也许，没事的时候大家都是好人，但是遇到一些重大的事情，尤其是个人重大利益发生冲突时，有的人就会露出狰狞的面孔。当然，即使是我们身边的人或者一些朋友，我们也不知道他们到底做了什么事，但有时就会听说，他们被抓了。至今还一直平安的人，是不是能够算是完全意义上的好人，也仍然是个疑问。也可能只是坏事做得不够大、不够多，因此还勉强维持着一个好人的样子。

　　对于我们很多人来说，在相处的层面上，如果别人对你好，你就会倾向于认为他是好人。若是他对你不好，你多半会认为他不是好人。如果对方伤害了你，你肯定认为他是坏人。在社会道德和法律层面，好人坏人就比较好辨别了，缺德犯法的肯定就是坏人了，而有德守法的人就是好人吧！如今开车的人很多，闯红灯就是违法，但这能不能由此就将闯红灯者定为坏人呢？

　　哈哈，平时说话，好人坏人的说法是不太严谨的，其内涵和边界也有些模糊。既然如此，那"好人不长寿"的说法能成立吗？

　　第二个疑问，"好人不长寿"之疑：关于"好人不长寿"的说法，就更值得商榷了。这句话反过来说就是"短命的都是好人，长寿的都是坏人"？若是这样说，那我们和我们周围还在活着的人难道都是坏人吗？

中国人崇尚一种文化，就是"死者为大"。一个人若是死了，跟我们也没有什么利益冲突了，也不会再对我们构成什么威胁或者伤害了，我们通常就会毫不吝啬地对他的优点进行十分夸大的赞美。人家都死了，自然就把他的一些缺点直接忽略了，毕竟，对已经死去的人还要做一些吹毛求疵的评价，通常会被人视为做人不厚道、不地道。

坦率地说，这只是一种人文情怀罢了。若是从客观上说，不长命的人，也是内外相符的，他个人生命中的缺陷与他的寿命也是高度关联的。

所以"好人不长寿"这样一个判断是不成立的。反着推理，如果一个人若想长寿，难道就不能做好人了吗？或者只能做坏人才能长寿？看看那些长寿的老寿星，甚至那些患了重病却也能长寿的抗病英雄，他们都是因为什么呢？一定是美好的品质多于一般人，一定是改掉了自己的毛病又为自己赢得了新生。

第三个疑问，"坏人活千年"之疑：很显然，这不是科学判断，而是一种情绪。想想看，普通人大多活个百八十岁，若是坏人能活一千年，那岂不是要超过普通人的十倍？关键是，有人见过活到一千岁的人吗？公安局户口中恐怕也查不到吧？难道神话传说中的老神仙都是坏人？哈哈，不能说了，越说越离谱，越说越走板了！

所以我们要小心这种情绪，不要一不小心将其视为一种理性判断，更不要形成一种错误的人生模式：好人不长寿＋人人想长寿＋坏人活千年＝要想长寿就不能做好人，只能做坏人！

实际上，这里昭示了一个重要的生命道理——长寿之道：

第一，要坚信人生的信念：好人好命，坏人坏命，只要有外部的"坏"，一定昭示着内在的"烂"。

第二，要让自己的人生有个正确的追求目标，即使我们是个普通人，也要做一个真正的好人，更要在人间的各种波折与考验中坚定不移地做个经得住考验的好人。

第三，要明确好人的标准，不能模糊地认为自己就是好人。更不能炫耀自己那些优点、成绩或者成就，而又刻意地遮蔽自己的缺点、过失或者那些没有被发现的罪恶。自欺欺人，终难欺天！

第四，绝不可愚昧地羡慕恶人没有受到外部惩罚时的那种自在，更不能让自己从善良立场上动摇，尤其不能因为恶人没有受到惩罚或者因为受到胁迫而去模仿或者同流合污。

第五，坚定地夯实自己的人生信念：好人好自己，坏人坏自己。自己命中的好，皆来自自己的善；自己人生中的灾难，皆来自自己的恶。不是不报，是你不知道。善恶随时报，唯你不知道。

案例 1：一个从来不占别人便宜、不坑人害人的人，一个懂得忍辱负重，委曲求全、不会以牙还牙的君子，却在中年时死去了。在追悼会上有人就发了这样的感慨：真是好人不长寿啊！按照中国文化中的"死者为大"这样一个信条，当有人发出那样的感慨时，不会有人有异议，甚至还会有人做附和。

后来，过了很长一段时间，有几个朋友又聚在一起，这几个人都是跟死者很熟悉的人，也都是在死者去世后的几年里帮忙处理后续麻烦的人。你听听他们的对话内容也许就知道了个中的缘由：

一个人说："嗨，他做了一辈子'好人'，留下了一大堆麻烦，关键是我们还要帮着他处理这些麻烦。"（死者生前，做人和气，做事没有规矩，留下了"烂摊子"。）

另一个人接着说："我们与他这么多年的交往交情，也知道他内心有事不跟人说，受了委屈自己心中憋着，还时常一个人喝闷酒，晚上又经常睡不着，你看他把自己熬成了什么样子，活着时候就已经是鬼样子了。嗨，死了，也算是解脱了。我们大家都劝说了无数次吧，人家不听啊！"

案例 2：现实中确实有不少的人羡慕那些后来发现是坏人的人所过的生活：关系网、后台、手段、机会、资源、财富、奢侈、花天酒地。某天有个坏人被发现并被判刑了，戴上手铐的那一刻，他脸上竟然出现了释然的状态。

　　后来，他出狱了。亲近的朋友聊起他的狱前、狱中和狱后的生活，这位在监狱里改造了七八年的人说了这样一番话：

　　入狱前，我就是个畜生，以此为快乐；我就是个脑残，明摆着那样做下去会入狱，我还自得其乐，明知那是枪口却偏偏要往上撞。我怎么会那样呢？表面上装着不在乎，自己心中却是提心吊胆，只是在人前，在更多的人面前，我硬装着很快乐、很让人羡慕的样子。你想想看，心里提心吊胆，面上还要装出快乐自在，关键这不是一天两天，就这样装了六七年，真是折磨啊！所以，戴上手铐后我突然产生了一种奇怪的感觉：不用装了，解放了！

　　入狱后，渐渐就适应了，让我意想不到的是，到了监狱才真正懂得人的生活应该是什么样的：自己没什么了不起的，不用装，因为自己就是一个平常人，没有什么傲慢的本钱。当然，狱友中也有些厉害的主，人家确实有长处，但也有致命短处，只是他们只为自己的长处而骄傲，却被他忽视的短处最后要了他的命。大家不管过去如何，进了监狱就是一样的了，渐渐地懂得了尊重所有的人，因为我们都没有了骄傲的资本，都是罪犯，都是还有一线生机的人。至于说有些执迷不悟的人，依然像过去那样表面一套、背后一套。有的人还装着领导的样子，还觉得自己是人才，还觉得自己很了不起，总之，还在装，还放不下自己！在我的眼里，简直就是傻子：人可能会傻一次，但不能傻第二次。我知道，这些二傻子，这辈子肯定没戏了，即使出了监狱也依然是个装腔作势让人瞧不起的傻子。我过去是不学习的，到了监狱后天天要学习、每天要劳动、生活要自理、身体要锻炼、规定必须遵守、不可能吃山珍海味、家常便饭就好了。若是与狱外的生活比起来，我倒是觉得狱中的生活才更健康，身心健康！再想想监狱外还有一大群人根本不懂这些，排着队往监狱这边走，心里就觉得很好笑。相比于他们，我早进来，也就能早出去，也算是比他们早抢到人生的先机。别笑话我，这是我真实的感受。

我出了狱，刚开始很高兴，但很快就有点怀念狱中的生活了。虽然看起来出了狱就有了自由，但身边的人、那么多烦心的事，还有那么多不知自己脑子有问题的人，真觉得挺累的。我常常一个人发呆：美好的人生到底是什么样的？为什么在监狱里改造，却像是活在天堂里？不说了，脑子乱！

诫子谆谆

《书》[1]曰："天难谌[2]，命靡[3]常[4]。"又云："惟命不于常。"皆非诳语。

[注释]

1 书：即《尚书》又称《书经》。

2 谌：相信。

3 靡：没有。

4 常：一定。

[译文]

《书经》上说："天难信，命无常。"又说："命运不是固定不变的。"这些话都真实不虚。

［命运第 36 道］掌握命运真理，以不变应万变。

从古至今，无数人感叹命运的无常，让人生命运这个问题蒙上了一层神秘莫测的色彩。之所以会出现这种感觉，是因为普通人没有心思和精力去学习参悟命运的规律。悟道的人知道，从现象层面上说一切都是变化无常的。正如人们常说的那样，"世间唯一不变的就是变化"。但要注意的是，这是对变化的现象级的表述，你若真信了，最多是喝了一口心灵鸡汤。别忘了中国文化中还有一句更加厉害的话，就是"万变不离其宗"。人类的历史，无数人的命运一再地证明一个真理：不适应变化就是等死，盲目地跟随变化就是找死。而能够找到这一切变化背后的规律，适应着规律去把握变化的人，才能主宰自己的命运。

了凡先生用他自己和全家命运的改变，证明了这样一个真理：从凡夫宿命的"定数"中走了出来，掌握了"变数"的规律，抓住了命运之宗，揭示了改变人生命运的秘密：就是要用"坚信正道、真心行善、利人利众，勇猛改过、虔诚回向"来立命。于是，生命也从过去简单相信"定数"的宿命论中走了出来，进入到了用善行来改变命运的积极的人生道路上。

了凡先生的这一觉悟，对于今天的现代人来说，也依然具有重大意义：

首先，家境好的人，也不要认为自己命就好；家境差的人，也不要认为自己的命就不好。家境和个人条件不是绝对的，不是决定性条件，如果不明白命运的原理，好的也会变坏，坏的则会变糟。

第二，仅仅依靠为个人的私利拼搏和奋斗，就想铸就自己好的命运，肯定是一条歧途，尽管在现实中很多人都在这么做，那也不代表着就是真理。

第三，坚信命运可以自己主宰，相信"行善和积阴德，勇于改变自己的过错，一心利他利众，纵有功德也不贪为己有，依然回向给众人"才是人生正道。即使是在现代社会，即使是学习了很多知识的现代人，这依然是可以参照的改变命运的不二法门。

吾于是而知，凡称祸福自己求[1]之者，乃圣贤之言；若谓祸福惟天所命，则世俗之论矣。

[注释]

1 求：寻取。

[译文]

于是我就知道：凡说祸福是自己造成的，这是圣贤的话；如果说祸福是由上天所赐，则是世俗的言论。

［命运第 37 道］俗人算命信命，庸人信钱送命，高人修命改命。

了凡先生通过他自己的生命实践，也就是他用善行改变命运的文化实践，得出了两个重要的结论：

若是说，福祸是由上天所定所赐，即是世间的俗人之见。如此的粗鄙之见，也就等于放弃了主宰自己命运的机会和努力，心智上也就启动了愚痴的模式，将自己打入了宿命论的深渊，自己也就变成了命运的奴隶，人生也就如同待宰的羔羊一般。

如果能认识到，人生的福祸都是自己造成的，种福得福，种祸得祸，这一内外因果的原理，才是人生命运的秘密，由此就可以掌握改变命运的智慧。

汝之命未知若何。即命当荣显，常作落寞[1]想；即时[2]当顺利，常作拂逆[3]想；即眼前足食，常作贫窭[4]想；即人相爱敬，常作恐惧想；即家世望重，常作卑下想；即学问颇优，常作浅陋想。

［**注释**］

1 落寞：衰败寂寞；无人理睬。

2 时：时运。

3 拂逆：事情、环境违反自己心意。

4 窭（jù）：贫穷。

[译文]

你的命不知道会怎么样。即便命当荣华显要，也要常作衰败无人理睬想；即便时运顺利，也要常作不顺利想；即便眼前富裕，也要常作贫困想；即便人相爱敬，也要小心谨慎，常作恐惧想；即便家世望重，也要常作卑下想；即便学问颇优，也要常作浅陋想。

[命运第 38 道] 俗人说老天爷掌握平衡，修行者说我来自己平衡自己。

了凡先生进一步了悟到了命运无常背后的"平衡"规律，命运的"无常"只是个表面现象，在其背后却隐藏着一个"恒常"的规律，这就是，不管身处何种境况，都要主动地与反面取得平衡。这一规律可以称为"反向平衡规律"。

境况好的时候，莫要自傲轻狂，不要忘记自己处境差的时候的卑微；境况差的时候，须知那是对生命的历练，更要立大志，仰望高处的光明。

顺利的时候，莫要得意扬扬，需知道，许多人正因为顺利而得意进而导致挫败，成败只在一念间；受到挫败的时候，不用垂头丧气或者怨天尤人，须知挫败是对原有程序的否定，是对旧的程序的升级，只要静心自省，就能把挫败转化成腾飞的力量。

受人尊敬时，不要趾高气扬，须知此时众人如同天神一般，是在考验你生命的贵贱。当成就大、能力强、名声远时，要小心那句人间的咒语"成功者的胡说也有人视为真理"，切莫被小小的外部成就压垮了自己的心灵，故而在得意的高峰时，更要谦卑处下、藏锋露拙、真诚请教、勇于改过，始终保持平常心，客观上成了人物，主观上要把自己放在平凡人的地位上，人气再高也不能没了人味儿。

远思[1]扬祖宗之德，近思[2]盖父母之愆[3]；上思报国之恩，下思造家之福；外思济人之急，内思闲己之邪[4]。

[**注释**]

1 远思：朝年代久远处想。

2 近思：往近些时候想。

3 愆（qiān）：过失。

4 内思闲己之邪：朝内想，要防止自己有不正当的念头。闲，防止。

[**译文**]

远思要传扬祖宗的恩典美德，近思要用善行来弥补父母的罪过差错；上思报国之恩，下思造家之福；外思救人之急难，内思防己之邪念。

［命运第 39 道］改命秘籍出来了：全方位平衡，人生坐标系！

了凡先生进一步勾画了一个"全方位平衡"的"人生坐标系"：

若自己有了一些智慧，要感恩祖宗的美德和智慧的加持，找到自己智慧的源头，不可自视清高。——这是让自己保持与祖宗的链接关系，万不可数典忘祖。

即使做了一些善行，也不足以弥补自己的罪过，更要多做善行去弥补前辈父母所犯下的差错，不能只算自己的小账，不能有功满得意的错觉。——即使行善也不能傲慢，更不能以为如此就能弥补过失的危害；还要想着多做善事替父母做一些弥补。

不能仅仅因为自己做了该做的事，就以为功德圆满，要坚信国家造就之恩，此生难报，要永报不停。不能只为个人考量，还要为全家和后代多积阴德。——个人行善不能只为自己造福，个人与国家命运相连，永报国恩才是大丈夫，多做善事去滋养全家才是好男儿。

在外遇到别人有难，要将其作为自己报恩的机会，不能躲避，也不能冷漠，更不能诅咒其罪有应得，否则必然在自己的生命中引来祸殃。——遇到别人有难，就是在替自己受难，定要毫不犹豫地伸手相助。若是视为与己无关，当下就显品性之卑劣和狭隘，即是一大过失。别人有难，尤其不能再去诅咒或者幸灾乐祸，这绝对是阴险小人之作为。若是这样做了，丑陋卑鄙之心已然暴露在阳光之下。

时常观察自己的内心，即使没有变成外部的言行，内心的任何邪念也绝对不能放过，更不允许其滋生蔓延。正所谓，内心之念，人不知天知，天不知心知，只要产生了出来，就会变成对自己的一种能量，所以逢邪必灭、邪出必杀。这就是人生中最了不起的内功，也是自己心灵的功夫。——灭心贼，要灭在萌芽之中，绝不可任其长大，否则就会祸患无穷。

务要[1]日日知非[2]，日日改过；一日不知非，即一日安于自是[3]；一日无过可改，即一日无步可进。天下聪明俊秀[4]不少，所以德不加修，业不加广者，只为因循[5]二字，耽阁[6]一生。

[**注释**]

1 务要：一定要。

2 知非：知道自己的过失。

3 自是：自以为自己是正确的。

4 俊秀：才智杰出的人。

5 因循：苟且偷安。

6　耽阁：即耽搁。

[译文]

一定要每天都知道自己的过失，每天都改正自己的过失；一天不知道自己的过失，就一天安于自以为没有过失了；一天没有过失可改，就一天没有进步。天下聪明而有才智的人实在不少，他们之所以道德没有愈修愈好，事业没有愈做愈大，就只因为苟且偷安四字，白白地耽搁了一生。

[评注]

改造命运的过程，实际上就是新的生命再生。义理再生之身成长的过程，是形成新的身体及语意习惯的过程。培育这个新生命，修身、修心，最重要的措施就是修忏悔，即：一，反省知过；二，真诚发露，向大众，或上天，或佛菩萨；三，后不再作。早晨提醒自己，今天哪些要保持、发扬，哪些不再犯；晚上反省自己，今天哪些错了，哪些做得不够，哪些还要继续发扬，从身、语、意这三个方面来检查，猛力忏除。每天如此，经过三个月到半年，业障渐消，就会见到效果，就会产生信心，一直坚持下去。这样，以下三篇所讲的改过、积善和谦德，就能落到实处，立命一定成功。修忏悔是改造命运的真实功夫，是贯穿全书的红线，一定要身体力行。

［命运第 40 道］改命就是战胜自己，战胜旧我，新我诞生，谓之重生！

世间最厉害的功夫，不是战胜别人，也不是一时战胜自己，而是时时刻刻永不间断地给自己纠错，这是一种超级能力，是一种能够创造奇迹的神奇能力！

了凡先生开导儿子，只要一天发现不了自己的过失，只要每天得过且过，就会虚度一天的生命光阴。一定记住，个人的重大进步，几乎都来自改过后的新境界。若是一天中没有发现过失和改正过失，就会让今天重复昨天，这就是生命的停滞，让生命时光白白流失，这就是对生命最大的浪费，也是对自己最大的辜负！

天下聪明的人很多，努力的人不少，之所以大部分人依然辛苦和纠结，那是因为疏忽了自己的进步。自己没有进步，事业也往往就会陷入停滞。没有勤修自己内在的德行，没有对着自己的过失下狠手，反而得过且过，苟且偷安，任凭自己的问题和过失继续存在、复制和繁衍直至放大泛滥成灾，最终毁了自己的一生。须知，只要过失存于心而不改，只要懒惰让进步停滞，就会演变成自己生活和事业中的各种痛苦、灾难与不幸！

由此可见，生命力的主导程序就是：不断地改过和进步，让自己不断地增值和完善，让每一天的自己都犹如新生一般，这才是最强大生命力的特征！

云谷禅师所授立命之说，乃至精、至邃[1]、至真、至正之理，其[2]熟玩[3]而勉行[4]之，毋[5]自旷[6]也。

[注释]

1 邃（suì）：深远。

2 其：表示命令、劝勉；这里可译作：你一定要。

3 熟玩：仔细地、经久而深入地研读，体悟出道理来。玩，观赏，品味，研究探索。

4 勉行：尽心尽力去做。

5 毋：不要。

6 旷：荒废。

[译文]

云谷禅师所传授的立命之说，乃是至精、至深、至真、至正之理，你一定要反反复复地精研细读，体悟出道理来，并且尽心尽力去做，千万不要把大好的光阴虚度掉啊！

[命运第 41 道]父母留给孩子的能量，也就是注入孩子生命的命运之力。

了凡先生将云谷禅师所授立命之说，谆谆传授给自己的孩子，这是一个父亲送给自己孩子最宝贵的礼物啊！如果你也是父亲或者母亲，你除了给孩子生活的照顾，还有什么精神的财富传递给孩子吗？

若是自己不亲身践行命运改变的历程，作为父母来说，又能有什么样的力量传递给孩子呢？若是没有伟大的力量传递给后代，人类文明又如何连续不断地进化呢？孩子又靠着什么力量能够主宰自己未来的人生呢？

很多平时忙碌也顾不上修行的父母，想得更多的是帮助孩子置办一些家产，多留一些金钱，可孩子若是没有高尚的心灵和神圣的智慧，仅仅靠一点家产和金钱，就能主宰自己的命运吗？

也有的父母不想留给孩子太多的家产和金钱，希望孩子能够靠自己的奋斗来赢得人生的一切。可是，奋斗是苦干和蛮干吗？若是不掌握人生命运的规律，若是不修自己的德行，若是不懂得利他行善，若是没有勇气改正自己的过失，仅仅勤奋和奋斗，能成为自己命运的主宰吗？也许，只会换成另外一种盲目的挣扎，因为没有命运方向和把握命运能力的奋斗，因为没有自我内在能量的提升，因为任凭过失和错误在自己内心发酵和放大，恐怕也只能在纠结、折磨和挣扎中度过一生。

第二篇　改过之法

［本篇提要］

知过改过，以远离祸殃，使身心安定，为立命奠基。了凡先生在这里提出"三心三法"的改过要方。三心：耻心、畏心、勇心；三法：事改、理改、心改。

改过三心

春秋诸大夫[1]，见人言动[2]，亿[3]而谈其祸福，靡不验者[4]，左国诸记[5]可观也。

大都吉凶之兆[6]，萌[7]乎心而动乎四体[8]。其过于厚者常获福，过于薄者常近祸。

俗眼多翳[9]，谓有未定而不可测者。

至诚合天，福之将至，观其善[10]而必先知之矣；祸之将至，观其不善[11]而必先知之矣。

[注释]

1 大夫：古代泛称一般做官的人。

2 言动：言谈举动。

3 亿：揣测。

4　靡不验者：没有不灵验的。

5　左国诸记：《左传》《国语》等各种典籍。

6　兆：征兆。

7　萌：开始发生。

8　动乎四体：通达四肢，指遍布全身。

9　翳（yì）：睁眼瞎，瞳孔被一层膜遮蔽。

10　观其善：这里"善"是指好的征兆。

11　观其不善：这里"不善"是指不好的征兆。

[译文]

春秋时代的许多大夫，见人言谈举止，就能预言他们的祸福，没有不灵验的，这在《左传》《国语》等各种典籍中，都可以看到。

吉凶的征兆，大都是萌发于心，而通过人的行为举止表现出来。那些很厚道的人往往获得福报，那些很刻薄的人往往遭遇灾祸。

可是世俗之人却像睁眼瞎似的看不出来，于是就说祸福没有一定，是不可以预测的。然而这些大夫们，由于至诚，上合天心，就能看到这些征兆。当看到好的征兆，就一定预先知道那人将获福；看到不好的征兆，就一定预先知道那人将遭殃。

［命运第 42 道］揭秘命运模式，掌握命运原理，方可走上改命之路！

对于很多人来说，中国文化中的"命运学""命理学"是神秘的学问。

但是，人间凡是存在的，就都有它的规律。掌握了规律，它就会成为科学。不了解规律，它就是神秘。

了凡先生在此对人生"命运学""命理学"进行了揭秘，展示了"命运学""命理学"的原理和逻辑：

第一，了凡先生说："春秋时代的许多大夫，见人言谈举止，就能预言他们的祸福，没有不灵验的，这在《左传》《国语》等各种典籍中，都可以看到。"对此，你觉得这些大夫们很神奇吗？

第二，了凡先生把"命理学"的核心原理展示了出来："吉凶的征兆，大都是萌发于心，而通达全身，从言谈举止就看得出来。言谈举止很稳重厚道的人常获福，言谈举止很轻佻刻薄的人常遭殃。"这样一个"心—身—言行举止—命运结果"的逻辑链条，是我们每个人都能理解的。倒着往回推，从命运结果到他的言行举止，再来推断他的身体变化，进而深入到他的内心，一切的一切，一下子就非常明朗了。对此，你觉得有道理吗？

第三，了凡先生还揭示了"为什么那些大夫们能够具有预测人祸福的能力"："这些大夫们，由于至诚，上合天心，就能看到这些征兆。当看到好的征兆，就一定预先知道那人将获福；看到不好的征兆，就一定预先知道那人将遭殃。"啊，原来，核心是"至诚"，"至诚"的核心是坚信和无念、无我、无相、无住、无执、无私，因而可以达到"至诚通天"的境界，也就是与天道天心合一。而人间的一切，都是天道天心在人间变换出来的形态，也可以说是高维天道在人间的"投影"。高人能够与天道天心合一，自然就知道了"投影源"，然后再看人间投影出来的那些影像，也就没有什么秘密了。

比如，我们一般人所说的现实中善良的人，往往善良得不纯粹，善良也没有配以相应的智慧，所以他们往往会好心办坏事，自己看不清楚真相还觉得很冤枉；他们虽然善良，但往往会遭坏人欺骗或者小人算计，自己又往往看不到内心的缺陷勾引了小人，于是就会郁闷和愤愤不平，根本不知道那些所谓的坏人小人正是自己内心深处隐藏的不干净给勾引来的。而这些进入他生命领域的小人又都是来启迪他心智升级的，就是从"不彻底的善良＋智慧的薄弱＋贪婪＋轻信＋神态上的自我暴露"进化到"上善极善＋圆满智慧＋无我无私无求"这样的高级模式。当你明白了这些原理时，你就知道那些表面善良的人为什么会有那些遭遇了，甚至你也可以猜测过去和预测未来的那些遭遇。

再比如，人群中的那种达克效应，全称为邓宁－克鲁格效应（Dunning-Kruger effect，D-K effect）。有的人在自己的认知结构上存在着欠缺，他看不见自己的缺点和错误，也看不见别人的优点和长处，但这样的人又高度自恋，看起来似乎是很自信的样子，实质上是一种自负的状态。这样的人走到哪里都会把自己跟他人的关系搞坏，然后就不断地换地方或者换人，然后再继续把它搞坏。你看，若是了解了这些规律，你在猜测他的过去和预测他的未来时，是不是也会拥有一种很神秘的能力呢？

根据大家以往的认识，我们会觉得那些能够预知未来的人，他们好像都有神通一样。明白了"命运学"或者"命理学"的原理之后，我们每一个人都可能获得一项类似于神通那样的能力：预知命运的未来。说起来也很简单：用一句话来说就是"内在决定了外在"。我们内心的优点和善良，就是我们内在善的、光明的能量，再转化成为我们的观念、思维和言行，就会构成我们现实和未来命运中美好的那一部分。同样我们内心的缺点和邪恶，就是我们内在恶的、阴暗的能量，若是转化成为我们的观念、思维和言行，就会制造出我们现实和未来命运中悲惨的那一部分。还有一种可能，就是内外不一致，这也是极其消耗生命能量的模式：内心那种善的和光明的能量不能转化为我们的观念、思维和言行，也不能制造出美好的效果。或者内心那种邪恶和阴暗的能量，不敢变成我们外在的言行，但变成了我们自己内在的冲突，变成了对自己的折磨和内心的消耗，如同毒虫噬心一般。

如此看来，人的命运基本上会有四种模式：

一是内在的善与光明——观念、思维与言行——善与光明的效果——美好命运。

二是内在的恶与阴暗——观念、思维与言行——恶与阴暗的效果——悲惨命运。

三是内在的善与光明——观念、思维与言行——恶与阴暗的效果——不知反省没有优化——悲惨命运。

四是内在的恶与阴暗——观念、思维但无言行——内外冲突——心力消耗——悲惨命运。

当然，如果通过修行，就能建设出一条命运的光明大道：心中只有善念和光明——完全转化成观念、思维与言行——加上智慧的方法——全部指向善的与光明的结果——保持自省、优化与精进不辍——美好命运。

建设好了命运的光明大道，我们就不仅仅能预知命运的未来，还能够确定无疑地制造未来美好的命运。到了这样的状态，那就是将天道、人道、世道等全部接收到自己的命中，让自己真正成为人生命运的主人！

今欲获福而远祸，未论行善，先须改过[1]。

［注释］

1 未论行善，先须改过：行善而不改过，犹如注水于漏的容器，但见其损，不见其增，人遂以为行善无益，而失去信心。因此，"未论行善，先论改过"。改过：把坏习气和所犯的过失改掉。所谓"把所犯的过失改掉"，就是说，要弥补所犯的过失，并且下定决心今后不再重犯。

[译文]

过恶是毁福遭殃的根子，现在要想获福而远祸，在论说行善造福之前，须先论说怎样改过。

［命运第 43 道］没有清理干净的心，装不下幸福的命！

亲近圣贤，行善助人之人，竟然无法改变命运。这算不上人生中的悬案，但也确实让当事人苦恼不已。

现实中，不少的人还是常做好事的。可是，竟然无法迎来命运的大转机，这是为何呢？原来是：一个人可能做了十件小善事，但又做了一件恶事。是不是减掉这件恶事还剩下九件好事呢？不是的！若这样算账，可就大错特错了！人心的账，是好事的心理效应抵不过恶事的心理效应，恶事更加倾向于被人判定为本质！于是，对你所做的好事的评价也改变了。用我们生活中的话来说，就是"一粒老鼠屎会坏一锅汤"。

在现实中，我们也能够看到不少这样的案例：某人一直在做正确的事情，赢得了很高的人气。突然间，此人所做的一件事被人诟病，于是，蜂拥而来的网民像是突然间发现了真相一般：啊？原来他是这样的人啊，原来他过去做的好事都是装出来的呀！从中你看到了什么？如心理学家霍妮所说，这是我们时代的神经症人格。请注意：此时你在喊"这不公平"，已经没有人再相信你的话了！此时此刻，你试图跟一群不讲理的人讲理，就再一次证明了你的智商出了问题。曾经有人问：若是一个学识渊博的人去森林里跟一群野兽讲人间的道理，可野兽们听不懂，请问：你说是谁错了？！

了凡先生通过自己改命的实践，参悟了命运学的原理，揭开了那种亲近圣贤，也助人行善者却无法改变命运困局背后的秘密：行善不改过，过失和邪恶就会糟蹋完行善助人的所有能量。

用我们大家比较熟悉的现象来说就是："用脏水洗衣服""用漏桶提水"。民间有句话很形象地描绘了这个现象，叫"竹篮打水一场空"。

关心人生命运的人们，很多人急急忙忙地给自己积德造福，但却忽视了前期的一个工作，那就是"改过、去恶、止损、补漏"。

也就是说，改变命运如同建设一座房子，而"改过、去恶、止损、补漏"就是打地基，积德造福就如同地基上的房子。如果地基没有打牢，那上面的房子就是危房。由此可见，"改过、去恶、止损、补漏"是改变命运的第一步程序，积德造福是改变命运的第二步程序。也就是说，先清理干净恶与过失的负能量，才能让行善的正能量造福于人。

可是，现实中的很多人，明明内心存在着很多不干净，明明也犯了很多过失，明明也知道长此以往会积累出不好的结果。可是，又有几人能够把改过看成改命的基础和起步呢？人们在想什么？为什么会这样做？

看人容易看己难，看到也当没看见。知过也会辩周圆，诿罪他人装笑脸。过不致死不起愿，慢步滑向罪深渊。得过且过混着走，谁知何时被审判？心中平视人世间，何人仰头看天官？没有成圣凌云志，聪明只能落凡间！

人对自己最大的恶是什么？让恶性毒瘤在生命中长大！

人最无耻的是什么？把自己的过失诿罪于别人让自己得到假解脱！

人最荒唐的是什么？只要肉不疼、命不绝，就没有改过的紧迫感！

人最自欺的做法是什么？以为单件事、过去事、眼前事没有被清算，可能就会过关，实际上，有一本账一直在记录，只是等着到了一定程度做审判。

人心最典型的姿态是什么？在地上爬行，无法仰望天空，只是跟弱智比智力、与罪犯比道德等这般向下的参照系。满足着自己作为比傻子聪明的大哥身份，享受着伪君子的献媚逢迎带给他的权威感。哈哈，好可怜！

人生错过的最大生命机缘是什么？如同一个脑残的"知

了猴"，以为自己就是戴着壳在地下生存，却不知那是为了爬出地面，是要蜕掉外壳，长出翅膀，在空中飞行。人本来是可以成圣或者走上神圣道路的，但很多人被世间俗利俗名等锁定，放弃了凌云飞翔的机会，陷入人间世俗名利的无休止的争端。一句话，本可以升级到人间天堂，但却进入了人间地狱。

当我们看清了上述这种局面，我们就可以进行自我拷问：人为何要让恶性毒瘤在生命中长大？若是能够将其消灭在萌芽中，若是让那片心田长出美丽的花，不是更加符合生命的利益吗？

人们有时会痛斥某些无耻的行为，但把自己的过失诿罪于别人，尤其是比自己弱的人，比如父母不知自省，把自己错误的责任诿罪于孩子；比如上级领导，自己不明部下错误的责任在自己，却把一切的正确归于自己，又把因为自己的过失导致的部下的错误全部归于部下，似乎通过这样一番操作让自己得到解脱，似乎自己永远都是正确的，这还能算是心智正常吗？如此，会有人真心追随吗？会赢得众人的尊重吗？！

人不改小过而非要等到大错出现吗？这是什么心态？等到真正肉疼了、骨折了，那份疼我们也看过吧？为何非要让它在自己身上出现？

命不绝，就没有改过的紧迫感！可是，真的有人不怕死吗？等到了命绝之时，还会有机会吗？人可都是只有一条命啊！

　　人最自欺的做法是什么？以为单件事、过去事、眼前事没有被清算，可能就会过关，实际上，有一本账一直在记录，只是等着到了一定程度做审判。想想看，任何的恶，一旦放纵，就会被放大，就会更加骄横，就会到处乱窜，就会增加撞上判官的可能！君不见，那些放纵自己的人，没有约束的自己，尽管也会装样子，可是，不知何时突然鬼性兽性发作，就被猎枪瞄上了，然后就是砰的一声！

　　人心最典型的姿态是什么？在地上爬行，无法仰望天空，只是跟弱智比智力产生智慧很高的幻觉；与罪犯比道德觉得自己还是好人，或者最起码不在优先被抓捕的名单上；诸如此类向下的参照系。这些事说出来，几乎人人都知道有点荒唐。说起来，这样的人，也许衣冠楚楚，但生命中的灵窍没有开启，依然过着低级动物般的生活。有多少人想过自己此生的连续进化之路？有多少人想过在身体停止成长后如何让灵魂无限度地成长壮大？

　　人生最大的生命机缘是什么？是多吃多占？是荣华富贵？是光宗耀祖？是家财万贯？说起来，从古至今，人们忙碌着，着眼点基本上都在世俗层次上。但很多人也能看到那些长得模样与我们类似，但却有一个让我们仰视的灵魂的人。甚至，他们那样的人会毫不保留地把秘诀告诉我们，但我们当中又有多少人知道那是什么呢？有多少人此生真正打开了天窗？

　　对于很多已经是成年人的朋友来说，若问起你人生几十年，让你觉得最难缠的人是什么样的人？也许不同的人会有不同的答案。

　　但若是问的人多了，就一定会出现一个答案，而且这个答案还会让很多人十分认同。

　　那到底什么人最难缠呢？答案就是：厚颜的人，无耻的人，就是不以为耻反以为荣的人。

　　若是做人做到了这个份儿上，那肯定就是个恶人了。命运呢？这还能有什么悬念？他不会放弃一切"作死"的机会。最终，就会应了那句话："天作孽，犹可违；自作孽，不可活。"有时想一想也真的是让人痛心。每个生命来到世上都不容易，都是爹妈生养的，几十年的人生也过得很快，为什么还要自己"作死"呢？还嫌死得不够快吗？

　　当然，这样持续大"作死"的人，不死不休的人，可能是少数。但是，连续小"作死"的人，让自己痛得一下子死不了，但又活不好的人，却是大有人在啊！！

　　人生是个成长的过程，即使成长慢一点也不至于致命。可怕的是不仅不成长，反而走向了堕落；最可怕的是在堕落中自欺自乐，自甘堕落，甚至到了禽兽不如的地步。悲哀的是，历史和现实中，从来不缺少这样的反面案例！

　　只要不至于到十恶不赦的地步，上天有好生之德，犯错的人一旦知道了羞耻，也就可以从炼狱中逃出来，这就是所谓"浪子回头金不换"吗？只要回头，就会有重生的机会！只要早回头，机会就会更多！

一个人若是自甘落后，也许尚可有拯救的机会与可能；若是自甘堕落，破罐破摔，恐怕就没救了。一个人如果有过，但羞耻心尚在，只要将羞耻心激活和加强，就可能焕发出生命中巨大的力量，就能赢得新生。

了凡先生通过自己的改命实践，首先揭示了只行善不改过也无法改命的秘密，紧接着又揭示了"若是不知耻，也就很难改过"的这样一个改命的规律。

世间众生同为人，我为何要生如蝼蚁？为何要沦为禽兽？为何不能做大丈夫？这就是人改命的第一力量：知耻后勇，不甘堕落，力争上游！

世间芸芸众生，孰能无过？你若觉得自己很厉害，你若不想成为众人嘲笑的傻瓜，你若不想辜负生你养你的父母殷切期盼的目光和眼中打转的泪水，你还留着要命的过失和邪恶做什么？

人间最厉害的人，不是打败别人，而是战胜自己心中的恶魔！

改命的楷模了凡先生告诉我们：要改命，第一，要发耻心；第二，要发畏心；第三，须发勇心。

要发耻心

但改过者，第一，要发耻心。思古之圣贤，与我同为丈夫，彼何以百世可师，我何以一身瓦裂？

耽染尘情，私行不义，谓人不知，傲然无愧，将日沦于禽兽而不自知矣；世之可羞可耻者，莫大乎此！

孟子曰："耻之于人大矣。"以其得之则圣贤，失之则禽兽耳。此改过之要机也。

[译文]

凡是决心要改过的人，第一，要发耻心。想想自古以来的圣贤，与我都是大丈夫，为什么百世之后，大家还要向他们学习，而我的一生却像跌碎在地上的瓦片，毫无价值？沉溺在尘世的情和欲之中，偷偷摸摸地做种种不应该做的事，还以为旁人不知道，傲然无愧，假装正确，岂不知众人皆知其无耻，唯有他自己不知。就这样，一天天地沦为禽兽，自己还觉得不错，世间之可羞可耻的，没有比这更大的了呀！

孟子说："一个人最大、最要紧的就是知耻。"这是因为能够知耻，所以才会努力改过，道德日新，坚持下去，可以做到贤人、圣人；如果不知耻，就会肆意妄为，人格渐失，沦为禽兽。所以知耻是改过的关键。

[评注]

唐代大文学家韩愈在《原毁》一文中说："古之君子，其责己也重以周，其待人也轻以约。重以周，故不怠；轻以约，故人乐为善。闻古之人有舜者，其为人也，仁义人也。求其所以为舜者，责于己曰：'彼'人也，'予'人也；彼能是，而我乃不能是。早夜以思，去其不如舜者，就其如舜者。"这说的是：古时的君子，他们对自己的要求是严而全，对别人的要求却宽而松。严而全，所以自己不会懈怠；宽而松，所以人们都乐于做好事。听说古人中有个叫舜的，他的为人，是个仁义之人。要想成为舜那样受人尊敬的人，就质问自己："他，是人；我，也是人。为什么他能够这样，而我却不能？"早晨晚上都在这样思考，去掉那些不如舜的地方，做到那些与舜相同的地方。

[命运第 44 道] 人若无耻，就不可能改命！知耻后勇，新命就会诞生！

改过的第一步，是要发耻心。

很多人改过之所以很难，是因为不知耻。之所以不知耻，是因为对自己的要求不高。之所以对自己的要求不高，是因为自己的参照系偏低，是因为没有建立起高端的参照系。比如，即便是身体较弱的成年人，在孩子面前也是大力士。即使是再聪明的人，在天才面前也会显得自卑。平时即使修养很差，与罪犯相比似乎也是好人。注意，这都是在往下比。这就是很多人心中的"隐形程序"：用跟弱者的比较产生虚幻的强大感，来遮掩自己的虚弱和自卑，进而在虚幻的强大感觉中失去进步、强大和重生的机会，在众人的耻笑中了此一生。

了凡先生告诉我们，人要改命，就必须建立高端的参照系，比如我们要跟古代的圣贤相比，跟他们名垂青史的美德与功绩相比。在这种比较中，我们才能找到自己的差距，才能为我们的低俗慵懒而感到耻辱，有了耻辱感，我们才会有改进的动力和进步的方向。

[命运第 45 道] 人之改命，实际上就是脱离兽性走向神圣性的历程！

有人这样陈述了人生的三个阶段：

第一个阶段——动物性：虽为人样，但心中更多是兽性，生命中只有自我和欲望，其活动也主要集中在生理欲望上。

第二个阶段——社会性：随着长大，生命中渐渐多了人的社会性、道德性、法律性，于是走出小我，能够建立与他人的基本和谐共生的关系。当然，如果没有从第一个阶段成长到第二个阶段，那就可能出现兽性大增，人性泯灭的状态。

第三个阶段——神圣性：若是有机缘接受圣贤的引领，就有可能将社会性、道德性和法律性等上升到圣贤的高度，直至成为圣贤之人，成为人间楷模，被万世所敬仰！

一个人，如果在年少之时有些荒唐，只要不伤及人命，总还是可以有被原谅的可能。可到了成年阶段，当经历了人生中的很多教育，若依然在人世间沉迷于情欲和私利，做些害人利己的事情，甚至还会很坦然地去讲述给别人听。本来是个耻辱的事情，他却感觉不到是耻辱，这种不以为耻反以为荣的状态，就是无耻的状态了。借用孟子的话说，无耻之人无异于禽兽。禽兽还需要改过吗？禽兽有能力改过吗？狗改不了吃屎，是因为狗不以吃屎为耻。

所以对于改过这样一个改命的基础工作来说，改变参照系，找到吸引生命的光明天地，再提升知耻、断耻的能力，充分认识无耻在人间所带来的负面的涟漪效应和由此给自己未来带来的灾难性后果，才能拥有足够的改过的愿望和动力。

要发畏心

第二，要发畏心。天地在上，鬼神难欺，吾虽过在隐微[1]，而天地鬼神实鉴[2]临之。

[注释]

1 隐微：不显露，人所不见。

2 鉴：明察。

［译文］

第二，要发畏心。天地在上，鬼神难欺，虽然我的过恶大家见不到，天地鬼神却看得一清二楚。

［命运第 46 道］若对做坏事一直心存侥幸，则会让恶性毒性积累直至毁命。

做坏事的人有个普遍的心理：偷偷摸摸地做，反正别人也看不见。

了凡先生在这里告诉人们的是一种修行的方法：偷偷摸摸做坏事，以为别人看不见，可"天地鬼神"欺不过，因为它们始终在审视着人间，任何人的善恶都逃不过"天眼"。

有人说，这是封建迷信，天地哪里有鬼神啊？吓唬小孩还行，我才不信呢！

哈哈，看起来挺聪明的，也是反封建迷信的。但要看能否回答出这样几个问题：

第一，天地间有无数的存在是人的肉眼看不见的，甚至用科学仪器也无法发现。"鬼神"之类的说法，在全世界各个民族的文化中都有类似的表述，而且赞同这种说法的还有大德之人，甚至是觉悟悟道成道的人，他们要欺骗人吗？他们很多人已经把家业和个人私利全部舍弃了，骗你做什么呢？动机上不成立！他们觉醒觉悟中阐述了很多我们用常识理解不了的智慧，似乎进入了一个神秘的世界，而我们没有觉悟的人又进不去，自然用肉眼也看不到。我们否定这些，证据和理由是什么？肯定没有或者不充分！我们肯定？自己也觉得没有证据和理由！那就先别下结论，不信也不否定，也许这样才符合科学的精神！这样是否可以呢？

第二，我们不信有一种神鬼样的力量监督我们，后续我们会怎么做？那些胡作非为的人肯定是不相信鬼神监督我们这样的道理的。但不相信鬼神，自己也别放肆地去做鬼事啊？！若是因为不信有监控，又躲在别人看不见的地方，自己平时的道德心又很薄弱，此时此刻，极可能会突破人性的底线。你觉得这样符合个人最优的利益吗？

第三，若是以假为真，将其作为修行的一个方便法门，也就是作为一种文化法则的形象化的表述，在我们的道德意识领域中犹如实质性的存在。例如中国民间流传的"头顶三尺有神明"，很形象，若是意识上将其作为文化道德法则的实质化功能，我们就会时刻保持敬畏之心，因此会有自律的觉悟。如此，不管怎么说，对我们产生的是正面作用：约束兽性，控制野性，保持住人性。哪怕就是将其视为一个道具，若是能够帮助我们的道德之心变坚定，对人生也是极富正面价值的。

第四，我们假装相信有一种神秘的力量监控我们，请问需要你付出额外的代价吗？如果你真的不信，进而胡作非为，君不见，这样的人最终付出的代价很沉重啊！我们要去尝试吗？为何放着更光明的大道不去走，非要通过胡作非为来证明一下是否有监控呢？把精力和心思放在做正道上的事不好吗？

第五，也许有人不信这些，但能够坚持"不做坏事、但行好事"，还愿意通过修行让自己变得更好、更有智慧。这样的人也许有一天就会悟道，然后就能感受到某种力量的真实存在。于此时，你猜猜他的感受是什么样的？估计应该是：看不见的就以为没有、不骗人的圣人说的话都怀疑、自己不用付出代价的劝善之言也不理不睬，好悬啊！原来真的存在啊！也许，等到人死后，完全脱离了红尘中的利益，也不需要任何财富了。当然，肉体的感知力也因为肉体的消失而消失了。此时，你可能会发现，圣人们说的那些话是真的。此时此刻，面对着审视审判的目光，请问你该怎么办？此时觉醒，是不是已经太晚了，来不及了！

上面这些问题的论述，就当成是"人类和生命的科学猜想"吧，关键是虽然是猜想，或者"胡说八道"，但可能对你的几十年的人生和你个人有限的认知能力，以及最终的命运会有十分重大的作用啊！

重则降之百殃，轻则损其现福，吾何可以不惧？

［译文］

过恶重的则降种种灾祸，过恶轻的则折损现有的福分，我怎么可以不畏惧呢？

［命运第 47 道］人世间，愚蠢莫过于自招祸端而不觉！

很显然，了凡先生信了那些猜想，于是心中生出了能够让他改过和不犯大错的一种精神法则——敬畏之心、畏惧之心！

不仅信了，还如"因果律"中所说："祸福无门，惟人自招；善恶之报，如影随形。"将相信的力量变成了自己生命意识的一个重要组成部分，自己的生命中如同安装了监控摄像头，随时监控着自己，也就杜绝了非分之想和作恶时的侥幸之心。

据说，悟了道的人才会有自己的一种精神力量，犹如独立出来一样，时刻监督着自己！正是在这种力量的监督引领下，走上了成圣之路！

不惟是也。闲居之地，指视昭然。

吾虽掩[1]之甚密，文[2]之甚巧，而肺肝早露[3]，终难自欺；被人觑[4]破，不值一文矣！乌[5]得不懔[6]懔？

［**注释**］

1 掩：遮盖。

2 文：文饰。

3 肺肝早露：《大学》："人之视己，如见肺肝然。"

4 觑（qù）：看。

5 乌：何也，疑问词。

6 懔：敬畏。

［译文］

不仅仅如此。哪怕是在私室暗地，我的所作所为，也被神明用眼睛盯着，用手指着，如在光天化日之下。

虽然掩藏得很隐秘，文饰得很巧妙，但是内心的欲求早已外露，终难自欺欺人；一旦被人看破，不值一文！怎么可以不常存敬畏之心呢？

［命运第48道］改命，就是从阴暗的角落里走到阳光下！

世间有芸芸众生，生活方式也千姿百态。若是从我们心灵的生活状态来说，可以用三种类型来概括：

第一种：是活在阴暗的角落里的人生。最典型的当然就是逃犯，他们如同老鼠一样，白天躲在洞里，晚上才敢出来。一些人看起来还算是正常人，但他们心中也有阴暗和肮脏的东西。这样的人，表面上假装正常，一遇到事情就会发作：总在指责别人、总在要求别人、总是觉得别人不好、总是散布负能量，因为他心里实在没有什么正能量可以滋养自己，更谈不上造福别人了。通常这样的人没有朋友、没有交心的人，他自己也不愿意帮助别人，当然也不学习进步。这样的生命状态似乎就如同一团肉，还没有进化出人的样子。

第二种：是活在阳光的光明中的人生。天生处在这种状态的人是很少的，大部分人都是通过学习和修行才达到这种阳光状态的。与活在阴暗中的人不同：他们在不断学习进步，不断反思自己而改错，不断地帮助别人并感恩别人。遇到事情，总是从积极角度看问题，总是冷静地寻找方法。这样的人，走到哪里，都会给别人增加信心，都会给别人带去智慧，无论在哪里都会成为别人的主心骨，他自己也活在充实和平静之中。

第三种：就是阴暗和阳光交替的人生。对于大部分人来说，往往处在上述两种状态之间，阴暗和光明两种力量都存在，只是不同的人在这两种力量的比例上会时常发生变化。因此，他们的人生命运也往往像天气一样，有时多云，有时阴云密布，有时狂风大作，有时又阳光明媚。这种变幻莫测的状态，对生命的伤害性也是很大的，如同开车一样，时而紧急加速，时而又急刹车。

［命运第49道］想明白"万一"实际上就是"一万"，你心中的心神之力就会复活！

有的人完成了改过的第一步，也就是知耻，但依然没有很好地去改过，因为心中没有敬畏之心、畏惧之心。主要就是用科学思维，他将什么鬼神或者神明之类的视为骗人的鬼话！

　　一旦懂得了不能用科学思维思考人类意识域中的道德问题，一旦懂得了道德意识是有着自己规律的一类人文现象，那就很容易地解决了信与不信的问题。也许，相信了道德意识的特殊规律，继续顺着走下去，就是触摸到改命的那扇光明之门了。

　　学科学的人是否真正掌握了对科学问题的科学思维，这肯定是因人而异的。所有的人，都是需要道德的，需要道德意识的成熟来安排自己的精神生活的，那是不是所有人都经历了道德意识成长与成熟的专业培养呢？这个就不好说了，但对此问题不专业的人肯定不在少数。于是我们就能看到，从古至今，一些受过教育，工作很优秀的人，在道德方面也往往与其业务专业达到的高度存在差距，甚至有的人还会有很大的差距。在他们的这种状态下，原来，只要自己的过失不会给自己生命和未来人生带来巨大的损害，他们就敢铤而走险。在业务上很优秀的他们，在自己道德意识薄弱的时刻，会自欺欺人地认为，自己的过失没有被别人看见，或者自己有能力摆平，或者有什么后台保护，总之就是可以蒙混过关。再愚蠢些的人甚至还公开地叫嚣：我就这样了，你能把我怎么样？我有某某保护我！到了这个地步，一般人也能看出这种人的真面目了吧？

　　这样的人，也许在其他很多方面都有自己的长处。但在道德意识的成熟性上，明显与他的身份、年龄甚至地位是严重不符的。他们只在肉眼的视野中、在世俗团伙的利益互助中思考问题。唯独不懂得道德意识域中的因果律远远超出他的认知和掌控范围，以至于他们想要超越因果律这样的天地大道，妄图毫无顾忌地种下恶因，却又以为不会收获恶果。岂不知，在因果律这样的大道面前，一切众生都是平等的，一切人都活在因果规律中，正如圣人们所说的那样：眼见为虚，思量不实，但因果不虚。

即使用科学的思维逻辑，人间道德意识域中的现象也可以得到很好的解释：科学重视事实，难道自己做了不好的事这种事实，只要别人看不见，就可以当成没发生或者不存在吗？注意，所做的坏事，一定会出现事实的，一定会改变以往的存在形态的；若是涉及具体的人，对方一定会有感知的。此时，即便是没有被更多的人看见，但事实就在那里，被改变的事实定会被人看到，只是时间问题。

若是用科学的心理学来审视，也可以说清楚：若是一个做了坏事，没有被别人看见，可是肯定会被你自己看见，你看见的坏事肯定会与你的良知发生链接，于是与良知相冲突的坏事就会变成良知的反弹，就会折磨这个做了坏事的人，如同毒虫噬心一般。也许有人说，一个人若是没有了良知呢？那不就不会受折磨了吗？关键是你见过没有良知的人吗？而且是彻底的没有良知的人？！从客观与主观相互作用的角度来说，做了坏事就如同种下了恶因，坏事与良知的冲突就会形成意识中的一种力量，这种力量不仅会折磨人的心灵，还会降低作恶之人的心智、损害他的健康，并把内心的这种持续不断的能量运动呈现在神态上、表现在脸的表情上，正所谓"相由心生"，"做贼心虚"。尽管这样的人心中抱着侥幸，但因恶性力量的不断蓄积和膨胀，就会形成最终毁灭自己的力量。也许，法律还没伸手时，另外一只看不见的手已经撕碎了他的生命！

当然，现实中有很多作恶是相对轻微的，因此，这种小作恶似乎也不会马上受到惩罚，于是就会让作恶者产生错觉，以为这样做没什么事。岂不知，只要是恶因恶种，只要种下，就会像病毒一样疯狂繁殖，就会到处传播，让越来越多的人知道作恶者的人品卑贱、本质阴险，于是就会让他失去人们的信任，渐渐地就会毁掉他的未来生活和事业。

懂得了这个道理的普通百姓也时常念叨这样一些警示自己的话："人在做，天在看。""不是不报，时候不到。时候一到，一切全报。""举头三尺有神明。""人欺人，天不欺人。""若为人不知，除非己莫为。""善不积，不足以成名。恶不积，不足以灭身。"

也许完美的人生，就在于是否能够同时驾驭科学思维与道德意识域的规律，并能够起交叉使用。

不惟是也。一息[1]尚存，弥[2]天之恶，犹可悔改。

古人有一生作恶，临死悔悟，发一善念，遂得善终者，谓一念猛厉，足以涤³百年之恶也。

［ **注释** ］

1 一息：一呼一吸之间。

2 弥：周遍布满。

3 涤：洗掉。

［ **译文** ］

还不仅仅如上所说。只要我们还有一口气，那么即便是犯下了弥天大罪，还是有悔改的机会。

从前有人一生作恶，临死悔悟，发一善念就得到善终，因为他这一念，至诚痛切，所以能够洗掉一生的罪恶。

［命运第 50 道］知道后悔，人生也有"后悔药"，这是命运的最后一线希望！

你看，了凡先生告诉人们，只要还没死，就可以"吃后悔药"，这也是激活仅存的一丝良知，让人仍然会有希望，仍然会蜕变而重生。

很多人之所以滑向罪恶的深渊而越陷越深，就是不知道"吃后悔药"。佛家有句话，大家都听说过：放下屠刀，立地成佛！只是我们都当成了玩笑话！

有人说，若是有人真的犯了很大的错，"吃后悔药"会变得没事吗？这就是问题的症结所在：

假如你是犯错的当事人，你当然期望"吃后悔药"后就彻底没事了，就像是什么也没有发生过一样。

假如你是别人做坏事的受害人，你接受对方忏悔而免除一切惩罚吗？

假如套用流氓的逻辑，流氓先伤害你，然后道歉、忏悔，甚至做些赔偿，然后就没事了，你觉得可以接受吗？

若是流氓的祖宗来了，他先道歉或者赔偿，然后再伤害你，最终不再受追究。你觉得可以接受吗？

话说到这里，我们就明白了：

"吃后悔药"不是抹掉已经发生的过失、错误或者罪恶，而是不再继续沦陷，就此止住错误的脚步或者缩回罪恶的手。这总比持续地走向万劫不复要好吧！有人会说：那还叫什么"后悔药"啊？我还以为吃了就彻底好了呢！即使认错了，也还是避免不了惩罚！即使认罪了，也还要被判刑！这也没管什么用啊？若是这么看，就大错特错了！这已经不是良知在复活，而是罪恶的心加上贪婪的心，变得更加邪恶了！

"吃后悔药"的本质，是复活生命中最高贵的力量——良知！即使是受了处罚，但犯错的人会活在良知之中，就是恢复了人的身份。即使是判了刑，服刑改造，也是重生的生命。人间最邪恶的选择也许就是：宁愿在邪恶中死去，也不愿在忏悔中重生。话说到这里，大家有什么感觉吗？科学探索很迷人，实际上人心的探索也会让人感受发现的惊喜。

［命运第 51 道］只要心中良知复苏，命运立刻改变！

你看看，"道德意识域"里的力量是多么迷人啊！即使一生作恶，死前突然醒悟，一念良知复活，足以洗掉一生罪恶！

说到这里，有人可能又要抬杠了：如果死前醒悟都能免罪，那就放开犯罪，到死前再拯救自己吧！

可是，别忘了，犯罪的人从犯罪之前就开始受到良知的煎熬了，你若不信，可能是你没有犯较大的罪恶。即使如此，一个人算计他人时，过程是美好的吗？也是提心吊胆地受煎熬啊！

关键是：光明大道，没有风险，没有恶争，会有相互携手，会有各种无限的收益，为何非要走那条持续受煎熬的罪恶之路呢？

了凡先生劝人的话，我是相信的，因为我在不到二十岁的时候跟着老师做过几年的司法鉴定，接触过各种各样的犯罪分子；还跟着老师参加过全国高校《犯罪心理学》的讨论，那时我小，是去帮老师们做记录、抄稿子的小秘书角色。但这些经历让我懂得了人间阴暗世界中的很多事情和规律，对我自己的人生影响极大！

譬如千年幽谷，一灯才照，则千年之暗俱除。故过不论久近，惟以改为贵。

但尘世无常，肉身易殒[1]，一息不属[2]，欲改无由矣。

明则千百年担负恶名，虽孝子慈孙，不能洗涤；幽则千百劫[3]沉沦狱报，虽圣贤佛菩萨，不能援引。乌得不畏？

[注释]

1 殒：死亡。

2 一息不属：一口气接不上。属，连，续。

3 劫：时间单位；这里指大劫，一个大劫是十三亿四千四百万年。

[译文]

譬如千年黑暗深邃的幽谷，一灯才照，则千年来的黑暗都完全消除。因此，过恶无论久犯的，还是新犯的，只要改了，就最为宝贵。

但是尘世之事难料，肉身容易死亡，一口气上不来，就是想要改过，也没法子了。

由于没有及时改过就去世了，在阳世上，千百年都担负着恶名，即使儿子们很孝顺，孙子们很仁慈，也不能替他洗除；在阴间里，千百劫沉沦在地狱里受苦报，就是圣贤、佛、菩萨，也不能救助。怎么可以不畏惧呢？

[命运第52道] 幸运的人，早点改！迟钝的人，死前悟！不幸的人，灰飞烟灭！

由此可见，"道德意识域"里充满了人性化，充满了慈悲，充满了机会，充斥着各种境遇下的最优选择！

尽管如此，我们也不要放松自己。因为：尘世无常！

有人也许会说，死了就死了呗，反正人总是要死的。哈哈，这事可想得有点过于简单了！且往下看：

了凡先生告诉了我们一个在"道德意识域"的规律：每个人的因果，主要由自己承受和消受，别人帮点忙但不能起关键作用。说得白一点就是：自己的事还要靠自己！

至于阴间的事，没去过的当然不相信。但如果运用"道德意识域"的思维，将阴间之事当成修行的道德工具，也会让人在活着的时候十分受益啊！

实际上，对于我们凡人来说，根本不相信死后的各种说法。那好吧，我们也见过或者听说过一家中出了一个罪犯而让全家抬不起头来的现象吧？因为这样的阴影，影响到自己的亲人、老人、配偶、儿孙的心气状态，这也是作孽吧？让无辜的亲人跟着承担罪责，即使别人不再追究死去人的责任，但活着的人难受啊！一个人做坏事时，若是不管自己亲人要承担的长久代价，这个人肯定也不是好人吧？

人非圣贤，孰能无过？活着的人都有缺点，做事的人都会有过失。

了凡先生的改命实践告诉我们：自己的过失和错误就是自己的负债，早还早了。即使过失和错误再多，只要发大愿痛改前非，也能开启新生。能够认错改错，这本身就是在增长自己的美德，如同有病找医生看病一样。自己犯下的过失和错误，不会因为时间而消失，唯有积极地改过和加倍地行善积德，才能让人生的账恢复平衡或者收获利润。即使是一息尚存，也要勇敢地让自己活在良知支配的人性状态，而不能让自己死在罪恶的深渊中！

须发勇心

第三，须发勇心。人不改过，多是因循退缩；吾须奋然振作，不用迟疑，不烦[1]等待。

［注释］

1 不烦：不消。

［译文］

第三，内心要发起勇猛心。人不改过，多是拖延退缩；我一定要奋然振作，不迟疑，不等待。

[命运第 53 道] 对自己的缺点和过失，下手狠点、快点，立下改命！

从做人做事的智慧来说，我们经常听到的教导是，一要有善心，二要有善法。善心要纯正，善法要精准。当然任何事情都有个时机把握、分寸拿捏的问题。这几乎已经成了我们大家都认可的一个共同的规律。

可是，事事都有例外。当我们面对改正自己的过失或者错误时，就变得非常简单：那就是毫不犹豫，不可迟疑，当下立改。

现实中，不少的人也是有改过之心的。但却输在犹豫不定、不能当下决断上。

之所以会出现这样的问题，比较普遍的原因有三个：一是没有到刀架脖子上的地步，也就是不甚紧急，没有外部强力的压制，即使不马上改正，也不会马上付出沉重的代价。二是对改过的紧迫性和危害性存在着认知高度与深度不足的问题，导致改过的内驱力不足。三是因为吃的苦头还不够，内在的力量不够强大，所以就没有形成修理自己的那种雷厉风行的作风。

小者如芒刺在肉，速与抉剔[1]；大者如毒蛇啮[2]指，速与斩除。无丝毫凝滞，此风雷之所以为益也。[3]

［注释］

1　抉剔：挑出来。

2　啮（niè）：咬。

3　大者……为益也：出自《易经·益卦》："风雷，益；君子以见善则迁，有过则改。"

［译文］

小的过恶，就像细刺在肉，难忍难熬，马上把它挑出来；大的过恶，就像毒蛇咬了指头，为了保全性命，马上把指头斩掉，不畏疼痛。不要有丝毫的犹豫停滞，这就是雷厉风行之所以十分有效的缘故。

［命运第 54 道］留着毒刺在身体中，等待的就是毒发全身的时刻。

了凡先生说得很形象：若是有刺扎在肉里，人们不会留着它，肯定马上要想办法尽快地把它拔出来。若是手指被毒蛇咬了，手指因为中毒而开始变黑，有经验的人就知道，若想保命就必须快速地把中毒的手指砍断。若是吝惜自己的手指，可能最终就会导致全身中毒而丧命。

此处引用的《易经》中第四十二卦"益卦"来说明改过的风格与益处：本卦是异卦相叠，下卦为震，上卦为巽。巽为风，震为雷。当雷声大作时，震动它上面巽风。巽风刮起来了，就使地上的万物得益。在此引用，主要取其"雷厉风行"之益，跟今天我们所熟悉的"高效执行力"有点类似，与之相对的反面表现就是口头答应，但行动上拖拖拉拉，这样的人当然会被视为难当大任的庸才。放到自己身上的改过一事，那就会一再自误，导致过失错误出现蓄积效应，最终自己中毒身亡。

具是三心，则有过斯[1]改，如春冰遇日[2]，何患不消乎？

[**注释**]

1 斯：就。

2 春冰遇日：春天的冰很薄，温度也不太低，所以一遇见太阳马上就会融化。

[**译文**]

具备了耻心、畏心和勇心，就能够有过即改；过恶遇到这"三心"，就像是春天的薄冰遇见太阳，还怕它不消融吗？

[**评注**]

避免过恶的要诀是："是道则进，非道即退。"也就是说，凡要做一件事，必须先要想一想，合不合道理。合道理的，便向前去做；不合道理的，便赶快退开。这样就能趋吉避凶。

［命运第 55 道］激活羞耻之心可以停止堕落，激活敬畏之心可以放弃侥幸，激活勇敢之心可以瞬间升腾！

总听人们说：人就是活一口气，是什么样的一口气呢？

面对自己的过失和错误，需要一口勇气；日常生活与人相处当中，需要一口和气；面对困难众人皆犹豫时，需要一口霸气；出现混乱众人皆躁动时，需要一口冷气；众人争利而出现纠纷时，需要一口大气；身份卑微而遭人打压时，需要一口志气；若引领众人而干大事时，需要一口神气；众人昏沉致局面污浊时，需要一口清气；面对诱惑想收买你生命，需要一口骨气；身处高位面对芸芸众生，需要一口客气；面对身份卑微的普通百姓，需要一口下气；面对陈腐局面将死不活，需要一口锐气。

大家看看，"人活一口气"，这"一口气"就是主导那个特殊局面的灵魂。

回到我们改过的话题上，若是对自己的改过缺乏勇气，那就是处在灵魂之力不足的状态。

当然，灵魂之力的提升也不是一朝一夕的事。改变自己的过失与错误又时不待我，若能有缘遇到外力贵人相助，借势雄起，自己的生命就会顷刻间进入到一个新的阶段、一种新的状态，甚至进入一个新的世界。

案例：某女士在家里对孩子很霸道，导致孩子逆反，甚至厌学。我帮她分析了她"好心"却又在孩子身上犯下的"罪恶"，让她痛哭流涕。

最后，我给她一句话：道理就在这里，方法也在这里，做不做是你自己的事，没人能够替代。你若是依然不改，继续在自己的孩子身上下"毒手"，伤害的就是孩子和全家，美好的生活就会被你的愚蠢给撕裂。这是你自己的私事，做不做也是你的权利，剩下的我也管不了了，只是相应的结果你要承受。她听到这里，大睁着泪眼向我发誓：我一定改。之后，按照约定，她每天都会发总结给我。随着她的改变，家庭氛围一下子就改变了。坚持一个月后，她告诉我："我重生了，我看到过去的那个愚蠢而罪恶的我。"

你看，只要人提起一口气去改过，命运的改变就是马上发生的奇迹！

改过三法

改过三策：事改、理改、心改，亦即，禁事、明理、治心。通达后，"心—理—事"连成一体。

然人之过，有从事上改者，有从理上改者，有从心上改者。工夫不同，效验亦异。

[译文]

但是，人的过恶可以从事上改，可以从理上改，也可以从心上改；由于方法不同，它们的效果也就不一样。

[评注]

很多人也有过改过的经历，但因为对于改过的规律了解不深不透，因此改过的效果也不是很好。就如同有病看医生时，没有得到明确的确诊，却也进行了一些治疗，可想而知，这样的治疗效果又能好到哪里去呢？现在的教育很发达，有各式各样的专业课程，但关于人生或者生命的立命与改过，教育中的课程似乎没有教会人们这方面的专业知识与能力，难道这样的知识和能力还没有那些专业知识重要吗？即使讲授了很多貌似正确的道理，但却没有成体系的技术方法！于是，很多人也都是按照自己的思考进行改过，自然也就五花八门，其效果也就差异很大。这是值得我们对道德意识域的这种状态进行认真反思的。

从事上改

先来说改过的下策：从事上改。什么叫从事上改呢？所谓的从事上改，就是改我们处理事情的态度与方法。为什么说从事上改就是下策呢？因为任何人的态度与行为都是由人的内在思维之理和心性发源之根决定的。也就是说，态度与行为和人的心性与思维是一个由内到外的体系，而态度与行为是属于被决定的末梢的部分。如果只是解决末梢而不解决内在的根本与过程，这当然就很难彻底地除根，因此也就只能算是下策。

如前日杀生，今戒不杀；前日怒詈[1]，今戒不怒；此就其事而改之者也。强制于外，其难百倍，且病根终在，东灭西生，非究竟廓然[2]之道也。

[注释]

1 詈（lì）：骂。

2 廓然：清除一空。

[译文]

譬如以前杀生，现在持戒不杀；以前发怒骂人，现在禁止不怒；这是就事而改。事改，是在外面强迫自己不犯，它的难度比从内而改要高出百倍，而且病根始终存在，东边灭了西边生，这不是彻底根除过恶的办法。

[命运第 56 道] 事上改，马上止损，制造缓冲，于是，才有机会。

从事上改过，也就是就事论事，也就是在过失的行为上改变，而不是从内心改变。就像有些人嘴巴上承认自己错了，但在心里依然觉得自己有理，承认错误只是无奈之举。或者觉得自己冤枉，自己也是受人驱动，本不是始作俑者。如此看来，嘴巴上认错，而在心中的病根却没有去除。若是停留在这种状态，只要外部环境稍有机会，就会旧病复发。

从事上改过，固然可贵。但因为只是外在的改变，并没有改变内在的病因。所以，只能算是改过中的下策。如同人因为感染细菌而发烧，只是吃了点退烧药，却没有杀死感染的细菌，这样的治疗有可能会让感染进一步延续或者扩大。所以，仅仅从事上改过，就不是彻底的改过，甚至可能是一次会带来后续更严重后果的虚假的改过。

对于当事人来说，既然已经触及到了改过这样的过程，又没有彻底地完成，若是按照这样的改过模式进行下去，就会在心里遗留很多的病根儿，最终会后患无穷。

也许有人会问，既然从事上改似乎必要，但是又不是最重要的，为什么还要从这儿开始呢？按照从内到外、从根到梢的顺序依次连续改过不是更好吗？

这是个好问题。要回答这个问题，就会引出中华文化智慧中的几个重要的方法论：

第一，及时止损。我们正在发生的行为，会直接导致一些后果。若是不能控制这些行为，就会增加我们要承担的后果的代价。所以，"及时止损"不失为明智之举。比如，脾气不好的人，要懂得"制怒"。很显然，怒气跟人的内在修为、价值观、思维方式与处理问题的方法智慧有关。但内在的改变又不是一朝一夕的事儿，所以面对着眼前的人和事，如果会让你愤怒，那就要先止住这种负面的情绪。如此可以避免在负面情绪下思考和行动，从而避免冲动之下导致问题的恶化或者制造出新的问题。想想看这是不是很重要？也很急迫啊？！

　　第二，保持缓冲。在人的内在问题没有得到彻底解决之前，也就无法在态度与行为上找到解决问题的理想的智慧方法。哪怕是并不彻底的、并不理想的行为方法，只要能够有效地减缓事情的恶化，就能够给自己制造一个缓冲地带。在这样一个缓冲时间里，我们就有可能找到更好一点的方法。

　　第三，激发灵智。面对着眼前要处理的一些紧急问题，我们没有做好事先的准备。仓促之中也可能会有一个意外的收获，那就是激发我们的灵智。如人们常说的灵机一动，一个超出我们自己过去知识与经验的非常规的方法就会出现。对于很多人来说，无法事先做好一切准备。在遇到事情时能够想到激发灵智，也不失为一种积极的策略。

　　第四，印证智慧。在自己过去的经历中，也许我们还是信心满满的。但遇到一个新的情况，过去的智慧是否依然灵验和有效？只有通过行动和最终的结果来证明。

　　如此说来，从事上改，既有必要性，也有它积极的、正面的意义与价值。

从理上改

　　善改过者，未禁其事，先明其理。

[译文]

善于改过的人，在禁止一样事之前，一定先要把道理弄明白。

［命运第 57 道］从理上改，就是拆解过失背后的驱动程序！

要想改正外部的行为过失，先要找到内在理上的原因，也就是说，你之所以那样做，必有自己内在的道理。这个道理，就是外在行为的驱动力量。找不到这个驱动力，行为就很难真正地改过来。

改内在的"理"，就是先要找到自己的理错在哪里！若是没错，缘何去改？若是没有醒悟到自己的错，即使迫于外部压力，也不会真改！若是有错，缘何不改？即使百般抵赖，岂不是错上加错，留着这样的错岂不是在养未来灾祸之种？！

了凡先生用以下自己经历的两个事例，来说明如何去挖掘行为背后的理，又如何去改变内心的那个理。

如过在杀生，即思曰：上帝好生，物皆恋命，杀彼养己，岂能自安？且彼之杀也，既受屠割，复入鼎镬[1]，种种痛苦，彻入骨髓。己之养也，珍膏[2]罗列[3]，食过即空，疏食[4]菜羹[5]，尽可充腹，何必戕[6]彼之生，损己之福哉？又思：血气之属[7]，皆含灵知[8]，既有灵知，皆我一体，纵[9]不能躬修至德，使之尊我、亲我，岂可日戕物命，使之仇我、憾[10]我于无穷也？一思及此，将有对食伤心，不能下咽者矣。

[**注释**]

1 鼎镬：古代的烹饪器，相当于现在的锅。

2 珍膏：泛指各种肉食。珍，食之美者。膏，肥肉。

3 罗列：排列。

4 疏食：粗食。

5 羹：汁状、糊状或冻状的食品。

6 戕：杀害。

7 属：类。

8 灵知：有灵性、有知觉。

9 纵：纵然，即使。

10 憾：恨也。

[**译文**]

又想到：有血肉有呼吸的生物，都是有灵性、有知觉的，既然有灵性、有知觉，就是我们当中的一员；纵然我自己不能修得很高的道德，使它们尊敬我、亲近我，怎么可以天天杀害它们，使它们永无尽期地仇我、恨我呢？一想到这里，对着这些食物，就会为之伤心，吃不下去了。譬如过恶是在杀生，就想到：上天喜欢生养而痛恨残杀，而且动物都爱恋自己的性命，都想活下去，杀它们来喂养自己，哪能心安？况且它们被杀，既受宰割，又进火锅、油炉，种种痛苦，透彻骨髓；而自己餐食，即便是摆满了珍馐海鲜，只要一吃过喉咙，就什么味道也分辨不出来了。素食菜羹，完全可以饱腹，何必一定要杀害它们，去折损自己的福分呢？

[评注]

孟子曰："恻隐之心人皆有之，见其生不忍见其死，闻其声不忍食其肉。"有一首诗说道："乍过三寸舌，谁更辨咸酸。贪馋造杀业，报复足心寒。"意思是说：食物刚一过舌头，就已经分辨不出味道来了；要是因为贪馋一时的口味而吃动物的肉，造下了杀业，想想这不仅折了现在的福，以后还要遭到同样的宰割烹煮，真是令人胆战心惊啊。另一首诗说："千百年来碗里羹，冤深似海恨难平。欲知世上刀兵劫，但听屠门夜半声。"这是说：每日成万上亿地屠宰动物，所招来的业报，是人类战火不息、生灵涂炭的根本原因。

如前日好怒，必思曰：人有不及，情所宜矜[1]；悖[2]理相干[3]，于我何与？本无可怒者。

又思：天下无自是之豪杰，亦无尤人[4]之学问。行有不得，皆己之德未修，感未至也。吾悉以自反，则谤毁之来[5]，皆磨炼玉成[6]之地；我将欢然受赐，何怒之有？

又，闻谤而不怒，虽谗焰薰天，如举火焚空，终将自息。闻谤而怒，虽巧心力辩，如春蚕作茧，自取缠绵[7]。怒不惟无益，且有害也。其余种种过恶，皆当据理思之。此理既明，过将自止。

［注释］

1 矜：怜悯。

2 悖：违反。

3 干：犯。

4 尤人：归咎于人。

5 谤毁之来：谤毁之来是在消除我的业障，增强我的能力，磨炼我的意志，提升我的境界，所以说它是"磨炼玉成之地"。又，"吾悉以自反"这一方法十分有效，我们要常常以责备别人的心，来责备自己；以宽恕自己的心，来宽恕别人。

6 玉成：琢磨成玉，譬喻通过磨炼使人成就。

7 自取缠绵：自缚。缠绵，纠缠住不能解脱。

［译文］

譬如以前好发怒，就一定要想到：别人能力不够，事情没办好，按情理我应该怜悯他才对；如果是他不讲道理来冒犯我，过错是在他，我为什么要发火来折磨自己呢？所以，本来就没有什么可以生气的。

又想到：天下绝没有自以为是的豪杰，也绝没有归咎于别人的学问。事情没有办成，都是由于自己的德行没修好，不能感动他人支持我，与我一道同心协力来完成。凡遇到违逆之事，我完全从自己方面来找原因。这样一来，所有的谤毁都是磨炼我、提升我、成就我的好机会；我感激还来不及，怎么可以生气呢？

再者，受到别人的诽谤攻击，只要我不起气，哪怕它气焰嚣张薰天，不过是举火焚空。无物可烧，火也就自动熄灭了。要是遭到别人的诽谤攻击，就生气发怒，虽然巧心力辩，也是作茧自缚，带来纠缠不已的麻烦。所以发怒不仅无益，而且有害。至于其他的种种过恶，都应当据理思考。道理弄明白了，过恶也就不会再犯了。

［命运第 58 道］死要面子活受罪！改了理这个里子，才会真正有面子！

外在的行为，是由内在的理所决定的。也就是说，我之所以那样做，是因为我认为那样做有道理，是正确的。若是找不到理上的错误之根，外在的改过就不可能自觉自愿地发生。

理，又是什么呢？就是我们内在的"价值逻辑"，正确是我们认定的价值方向。逻辑就是这套价值之所以正确的道理。简而言之，价值逻辑就是我们认定正确的一套道理。

理，是我们主观加工的产物，是人的主观认知的结果。它来源于我们对客观事实和规律的不完整的认知。之所以会是这样一种局面，是因为我们的认知能力受到了局限，再加上我们个体的需要倾向，于是，我们的大脑思维就费尽心机地编织了一套程序：部分客观 + 主观需要及偏好 + 大脑思维编辑。

本来，古人所说的"理"是"道"，也就是客观的规律。但渐渐的，理在我们的生活中被俗化，于是，如今我们所说的理，基本上变成了将主观与客观混合后的一种产物。如此，我们坚定相信的那个"理"极有可能变成一种借着部分客观而形成的一种"主观事实"——一种由我们的主观创造但又演变成了控制我们主观的力量！

这种大脑主观加工的过程与产物，变成了我们的主宰，而创造它的我们，却又变成了被它控制的对象。这个过程显得有些问题，而最终形成的"理"则可能偏离客观实际，可能出错。这还不是最可怕的，因为这套"理"一旦形成，就犹如一种无生命的东西诞生了灵智一般，会进行自我维护、自我加固，好像是我们又多出了一个陌生的"我"，让我们不由自主地按照它的要求去做，好像我们原本的自己退化成了一具木偶。

这就是为什么过失、过错与邪恶会给我们自己很合理、很有道理感觉的背后的秘密。这就是"理"形成后，为何我们会罔顾其制造出的不符合我们利益的事实，却依然会理直气壮地去坚持和重复的原因。如此，我们可以给它起个特别的名字：傻瓜自我！

若是模模糊糊地从行为上认错改过，却并不清楚这种过失之所以被称为过失的真正原理，不能拆解其背后的编程程序，不能戳破那个"傻瓜自我"，就会使得改过的效果变得很差，后续的行为改变也很难维持长久。因为隐藏于外在行为背后的那个"捣蛋鬼"——"傻瓜自我"依然嘿嘿笑着牵动我们的手脚去做错误的事情。

了凡先生举了两个自己亲身经历的"改理"的例子，就是想让人们明白，只有明白了背后道理的错误，外在的行为才会得到真正的改变。这有点儿像是"釜底抽薪"：一口大锅里的汤，因为沸腾而溢出来了，那就要同时采取两个动作：先把锅盖打开，后把锅底的火撤掉。

现实中的很多人容易着急发脾气，这是因为他们不知道着急发脾气会降低自己的智力，会伤害别人的感觉，还会伤害自己的身体。若是真正懂得了着急发脾气所产生的一系列恶果，搞清楚了这样做会严重背离自己所追求的真正目标和看重的人生利益，也许就会降低或者减少着急发脾气的频率与次数。

如果一个人真正知道体重超重给身体各个器官所带来的沉重负担，能够真切理解各个脏器的难受和痛苦，也许就能够主动地节制自己的饮食，并采取行动去降低自己的体重。

如果一个人知道自私自利会让很多人在心里瞧不起，这种瞧不起还会变成对自己未来负面的看法和对待方式，也许就会对自私自利违背了自己未来的利益有所觉知，进而升级自己追求的利益和实现利益的方式。

如果一个人看到牲畜被屠宰时的惨痛模样，那种被杀时的痛苦的嚎叫，也许就会降低对肉食的爱好。如果他知道过多进食肉带给生命的具体的危害，也许会开始走素食的路线。

总之，改过不能仅仅是改变一个做法，而是要从道理上能够明白，通过明理而改变行为，这是改过的一个中策。

案例：一位老人家，做出了巨大的贡献，身份非凡。一次，因为别人调整他的职务没有跟他商量，让他脸面上很难接受，于是自己郁闷！后一朋友到访，知晓了情况，哈哈大笑起来：您的地位和身份是用自己的生命换来的，您连命都献给社会了，而且已经成为历史事实，这是谁也改变不了的！还需要谁来给您面子吗？您想想啊，当初您的奋斗不就是为了包括他们在内的人吗？您连命都敢献出去，还向别人要面子吗？！一番话说出了老人家的真实身份。于是，两个老友一起哈哈大笑起来。

从心上改

何谓从心而改？过有千端[1]，惟心所造；吾心不动[2]，过安从生？

学者于好[3]色、好名、好货[4]、好怒种种诸过，[5]不必逐类寻求，但当[6]一心为善，正念现前[7]，邪念自然污染不上。如太阳当空，魍魉[8]潜[9]消，此精一[10]之真传也！

过由心造，亦由心改，如斩毒树，直断其根，奚[11]必枝枝而伐[12]，叶叶而摘哉？

大抵最上者治心，当下[13]清净[14]；才动即觉，觉之即无。苟[15]未能然[16]，须明理以遣之；又未能然，须随事以禁之。以上事[17]而兼行下功[18]，未为失策[19]；执下而昧[20]上，则拙矣。

[注释]

1 千端：言种类之多。心善则念善，念善则言行善，自然就不会犯过恶。

2 吾心不动：这是功夫，是断恶修善、超凡入圣的基本功夫。其方法是：若或违理情想，稍有萌动，即当严以攻治，剿除令尽。

3 好：喜爱。

4 货：财也。

5　学者于好色、好名、好货、好怒、种种诸过：心猿意马、浮想联翩，这是身体健康和事业成功的大敌，所以自古以来做大事的人，都要训练自己心地清静。

6　但当：只要。

7　正念现前：这里的正念就是"但当一心为善"的善。《俞净意公遇灶神记》中"持之既熟，动即万善相随，静则一念不起"，就是做这个功夫。

8　魍魉：木、石之怪。

9　潜：秘密地，不声张。

10　精一：出自《尚书·大禹谟》："惟精惟一，允执厥中。"这里是指"心改"用功深而专一，就能以一治万。

11　奚：为什么。

12　伐：砍。心改就是"一心为善"，此精一之真传也！其行动纲领是，诸恶莫作，众善奉行，自净其意。

13　当下：此时此刻。

14　大抵最上者治心，当下清净：治心功夫，一是觉察，恶念一起，立即觉察；二是转念，一觉察恶念，立即就转成相应的善念。觉、转二字至为关键，以此来实践上述的《常生慈悲欢喜心》，起步高，改过、积善、谦德，必易成就。

15　苟：假如。

16　然：这样，如此。

17　上事：上等功夫，指心改。事，人之作为、功夫。

18　下功：下等功夫，指理改和事改。

19　失策：打算错误。

20　昧：不明白。

［译文］

什么叫作从心而改？过恶虽有千万种，都是由心所造；我的心不为事、物、情、境所诱惑而起坏念头，过恶能从哪里生出来呢？

修养道德的人，对于好色、好名、好财、好怒等所有种种过恶，不会逐类寻求，而是一一加以理改或事改；只要一心为善这个正念现前，邪念自然污染不上。

好比太阳当空，妖魔鬼怪都纷纷潜逃，这是以一治万的精一真传啊！

过恶是由心造，所以也要由心改，如斩毒树，直接就断掉它的根，何必要一枝一枝地砍，一叶一叶地摘呢？总的来说，最上等的改过方法是治心，随时随地保持心地清净。由于心地清净，只要坏念头一动，就像雪白的布上有了污点，立刻就会觉察，一觉察，就把它清除掉。没有坏念头，自然就不会有坏的言行了。

假如治心的功夫不够，做不到恶念"才动即觉，觉之即无"，就必须采用理改，用道理来把过恶驱逐掉，如上述杀生、好怒的例子。假如理改也做不到，就必须采用事改，遇到犯过恶的事，就立刻把它禁止住。

用上等功夫的心改而兼行下等功夫的理改和事改，这是最稳妥的办法。要是只用下等功夫的理改和事改，而不明白怎样使用上等功夫的心改，甚至不知道用理改，而只知道用事改，这样来改过就不够智慧了。

［命运第 59 道］心是命根，改了心这个命根，未来人生不需再去祈福！

从心上改过，这是改过的上策。

为何说从心上改过才是上策呢？因为"万法唯心而造"，是我们的心导演了一切。了凡先生在改过的方法上，给我们演绎了一个基本的逻辑，就是"心—理—事"，如同"心"是戏的编剧，"理"是组织演员演出的导演，而"事"就是出场演出的演员了。

一部戏的根本在于编剧，情节上能否动人心弦在于导演，而能否把观众拉入到剧情中，就是演员的功夫了。

既然如此，我们的心就是我们人生的那个编剧。从本意上说，我们每个人都想为自己编导出一个精彩绝伦的人生。可现实的人生往往却不是这样，以至于一些人感慨人生时会说"人生之不如意事十之八九"。这样的剧本是我们自己写的吗？如果不是我们自己，那又是谁在做我们人生的编剧呢？

纵观世界上的各种文明、中华文化中的各个学派，似乎都或多或少地会提到人心的问题。在这里，我不想给大家谈论那些听着让人玄之又玄的各种理论。只想与大家一起思考一个问题：人的心里到底住着什么？

当我们遇到一个特别的喜事，就能够体会到满心欢喜的感觉。此时，好像一种欢喜住进了我们的心。于是，我们在看这个世界时，突然处处都是欢喜，很多平时看上去没什么意思的事情，也突然一下子变得有趣起来。至于平时看不惯或者嗤之以鼻的人和事，在我们的心处在欢喜状态下时，突然也可以包容了。似乎我们还隐隐约约地记得，那个喜事儿没有出现，也没有住进我们的心时，我们似乎总是喜欢做些横挑鼻子竖挑眼的事儿。可就因为那个喜事儿住进了我们的心，似乎我们自己和我们看到的世界都发生了变化。很显然，那个喜事儿是这一切变化的关键。

当然，过上一段时间，那个喜事就会变得越来越模糊。于是渐渐的，我们又回到了从前，偶尔有点好心情，于是世界变得还不错。很多时候心情变得有点说不清道不明的无聊与落寞，于是我们眼中的世界、眼中的人和事也变得有点糟糕。若是遇到了自己很不开心的事，有一个叫"不开心"的小家伙住进了我们的心，他就像个捣蛋鬼一样，指挥着我们的头脑思考出肮脏和卑鄙，再让我们的嘴巴和手去表演出来。那时我们的大脑、嘴巴和手脚合在一起，让我们变成了一个"提线木偶"。

在我们的真实生活当中，我们能够找出两类非常典型的心灵状态：一类是心中住着善的人，另一类是心中住着恶的人。心中住着善的人，不管遇到谁总是与人为善，总是礼貌、尊敬、体谅、宽容、和气、友善。即使是别人有所冒犯，他也总是能够微笑着去回应。那个心中住着恶的人呢？总是对别人冷漠、粗鲁、指责、挑剔，即使别人没有冒犯他，他也总是带着那种不怀好意的攻击性。

怎么样啊？对自己的心有些感觉了吗？

当然我们也知道，如果我们心中住进了善，于是，我们的大脑就在善的引领下确定善是唯一的正确，嘴巴和手脚就会接收到大脑相应的指令，接着就会处处言人之善，自己对人也是时时行善。于是善就会不断地积累和延伸。最终，堆砌成了善者的命运。

如果一个人心中住进了恶呢？同样的技术过程也由恶为原点而展开：我们的大脑在恶的引领下开始将自私和邪恶视为唯一的正确，嘴巴和手脚也会接收到大脑相应的指令，接着就会处处言人之恶，处处为自己谋划和算计，甚至不择手段，即使会伤人也要实现利己的目的。于是恶就会不断地积累和延伸。最终，堆砌成了恶者的命运。

明白了这样一个技术过程，我们当然都在思考如何让善住进我们的心里。这就是人类区别于低级动物的一个本质的特征，这也是中华圣贤文化的价值本质，这也是了凡先生之所以能够改命的关键所在。

因此人类的文明说起来就是一句话，给我们的生命中安装上善至善的人生信仰。这就是所谓的天堂文化模式：人人都在利他，自己也是众多人利他的受益者。只是在现实的世界当中，太多的人没有认识这种天堂文化，反而让自己的生命进入了地狱文化模式：人们都在为自己算计，都想着在伤害别人的过程中让自己受益。

在最近的几十年中，随着中国的崛起，一些有识之士把中国看成了世界的希望，因为他们在中国这里看到了人类文明的高地和曙光。

中国古代的圣人们在两千多年前就发现了人生的秘密：人们的心主宰着人生的一切！而且，人生中的一切秘密全在心中！把心修好了，才能达到人生真正的富足无缺。

当然，很多人感觉，圣人的境界离我们这些凡夫太远了，有没有什么法门适合我们这些凡人改命呢？当然是有的！

那就是：心中守住一个善念，将其作为生命中唯一的正确！

至于说，圣人们所达到的至高境界，只要我们不排斥，善良就会把我们引向那个光明的方向。毕竟，圣人也是人，与凡人的不同只是因为他们成了觉悟了的人！

因此，也许改命还不是人生的最高级的选择，当我们知道了最高的选择之后，会一直奔着那道光明而去，改命也就根本不是什么问题了！

心命歌

心好命又好，富贵直到老；命好心不好，福气变祸兆。

心好命不好，祸殃转福报；心命都不好，遭殃且贫夭。

心可挽命运，最要存仁道；命实造于心，祸福惟人召。

信命不修心，无奈受煎熬；断恶修心念，命运得改造。

改造命运的关键就在于心念：念转，境转；心改，命改。

改过效验

这相当于练功人的"验功"，用来检验自己的状况、路子、方法和力度。

罪灭之象

顾[1]发愿改过，明须良朋提醒，幽须鬼神证明。一心忏悔，昼夜不懈，经一七[2]、二七[3]，以至一月、二月、三月，必有效验。

[注释]

1 顾：但，文言连词。"一心忏悔，昼夜不懈"，这是改过的着力点。了凡先生是过来人，此乃是剖心之谈，切勿轻易放过。

 2　一七：一个七天。

 3　二七：两个七天，即十四天。

［译文］

但是，发愿改过，世间必须要有好的朋友在你糊涂或懈怠的时候来提醒你，阴界一定要有鬼神作证。这是因为鬼神有神通，人的所作所想，他们都一清二楚，他们证明你改过了，那你就真正改了。

古人说"不欺暗室"，说的是改过不是做给别人看的，是做给自己的心看的。要一心忏悔，昼夜不懈，经过一个七天、两个七天，以至一个月、两个月、三个月，就一定会有效验。

［命运第60道］改过有好友提醒和良知监控，必然产生效果。

"一明一暗"，修行改过中的两个抓手！

在修行中，学懂圣贤的道理是第一重要的。但仅仅学懂了道理，还不能真正进入到修行的轨道。因此，就需要与道理相配的方法或者叫作"抓手"，而这种方法或者"抓手"就是工具也是道具，也可以说成是我们修行过程中的拐杖。若是没有找到合适的工具、道具或者拐杖，就很难把修行这样一件重要的事儿落到实处。

　　在这个问题上，实修者都是找到了这样的工具和道具，因此才得以能够在修行的轨道上前行。至于这些工具和道具叫什么名字，这倒不是最重要的，因为对于工具和道具来说，最重要的是它们的功能和作用。

　　在了凡先生发愿改过的历程中，他强调了"一明一暗"两种力量作为自己改过过程中的考官："明"着的就是有功力的道友给自己的印证或者指导，而不能完全是自己的主观感觉。"暗"着的就是看不见的力量，犹如"神明"时刻监督着自己。明着的力量还好理解，这暗着的就有点让人费解，因为暗着的也就是人的肉眼看不到的。前面我们说过，肉眼看不到的并不代表不存在，也可能会以一种特别的方式来启迪我们。只要是用于我们个人改过和进步，什么叫法倒也不必过于计较，就权当是我们修行中使用的一种道具吧。

　　这"一明一暗"两种力量是我们修行中不可或缺的。明的可以给我们指导、纠偏和印证。暗的呢？作为我们自律的一种力量，可以在没有明的力量辅助时让我们不会偷懒或者投机取巧。更重要的是，它是我们建立内在自律力量的一个方便抓手。

　　或觉心神恬旷[1]；或觉智慧顿开；或处冗沓[2]而触念皆通；或遇怨仇而回嗔[3]作喜；或梦吐黑物；或梦往圣先贤[4]提携接引；或梦飞步太虚；或梦幢幡宝盖[5]；种种

胜事[6]，皆过消罪灭之象[7]也。

[注释]

1　恬旷：安适开阔。

2　冗沓：烦琐纷乱。

3　嗔：在古文中，有两义：一是睁大眼睛瞪人；二是发怒。这里是指"发怒""生气"。

4　往圣先贤：过去的圣人贤人。

5　幢幡宝盖：佛菩萨的仪仗，这里指佛菩萨。幢幡，旗帜一类的东西。宝盖，珍宝装饰的伞盖。

6　胜事：稀有的好事。

7　象：景象。

[译文]

或觉得心神安适开阔；或觉得智慧顿开；或处在烦琐纷乱的事务中，突然出现一些念头，就把事情料理得清清爽爽、妥妥当当；或是碰到怨家仇人，自己不但没有恼恨，反而心生欢喜；或梦吐黑物；或梦往圣先贤提携接引；或梦在太空飞翔、漫步；或梦见佛、菩萨；这种种极好的事情，都是过消罪灭的景象。

[命运第 61 道] 改过就是解放自己，就能获得心灵的

解放！

在这一段中，集中阐释的就是了凡先生所感受到的改过之后的一些"灭罪"效果。

第一，自我感觉心旷神怡。这是心灵获得解放和变得清明的一种喜悦。这种喜悦只有亲历者才能感觉得到。当然，有修行经验或者有亲密接触的人，也能感受到他的这种内心状态的变化。这就是改过之后自己心底光明的照耀。

第二，自我感觉智慧顿开。过去看不清楚、看不懂、让人困惑、找不到办法处理或者努力后成效甚微的人和事，突然一下子变得简单了，而且处理方法也很简便，关键是效果出奇的好！这就是改过之后获得的智慧提升。

第三，身处烦琐灵感凸显。我们很多人在烦琐的日常事务中，往往会顾此失彼，甚至是忙得晕头转向。如此状态持续得久了，往往会显得狼狈不堪。但改过之后所导致的心性清朗状态，会突然解放我们内心深处的灵感，让我们在喜悦中获得一些意想不到的智慧。这就是改过之后得到的一个惊喜。

第四，心灵解放反向喜悦。普通人，遇到自己的仇人或者不喜欢的人，往往会心生厌恶、心生怨恨。但改过之后，心灵的背景发生了变化，"理"的价值逻辑也重新进行了建构。于是再遇到那些过去让我们厌恶和怨恨的人和事，反而会心生喜悦。这也是改过之后收到的一个礼物。

第五，秽吉交错喜梦连连。了凡先生改过之后梦到了这样的奇异景象：或梦吐黑物；或梦往圣先贤提携接引；或梦在太空飞翔、漫步；或梦见佛、菩萨。这是在梦境中——我们心灵的另外一个隐蔽的世界里所发生的误会被排除，光明被引进，生命获得自由的征象。虽然我们对于梦境的认识还很粗浅，但梦境给我们带来的启迪和暗示已经足够让我们惊喜了。

了凡先生所列出的这些改过之后的吉相，是他改过之后亲身经历的呈现，也是改过之后，给予自己最大的奖励。

不得自满

然不得执此自高，画而不进[1]。昔蘧伯玉[2]当二十岁时，已觉前日之非，而尽改之矣。至二十一岁，乃知前之所改，未尽也；及二十二岁，回视二十一岁，犹在梦中[3]。岁复一岁，递递[4]改之，行年五十，而犹知四十九年之非。

古人改过之学如此！吾辈身为凡流，过恶猬集；而回思往事，常若不见其有过者，心粗而眼翳也。

[注释]

1 画而不进：画出界限而停步不前。

2 蘧伯玉：春秋时代卫国的大夫，一个终生持续改过的修行者。

　　3 在梦中：迷迷糊糊。

　　4 递：一个接一个。

［译文］

　　但是不能够因此就骄傲自满，而故步自封。从前蘧伯玉先生，改过非常努力，他在二十岁时，以为以前的过恶，已经全部改掉了。到了二十一岁，方才知道二十岁时并没有把过恶改完。到了二十二岁，回顾二十一岁时，方才知道那段时间仍然过得糊里糊涂，该改的过恶并没有改完。但是他坚持不懈，年复一年，每一年都在前一年的基础上加以改进。即便五十岁时，仍然知道四十九岁时有改得不彻底的地方。

　　古人改过的学问竟是如此精进！我们这些人都是凡夫一流，许许多多的过恶，就像刺猬的刺一样丛集一身；而回顾往事，却常常看不见有什么过恶，这都是粗心大意，眼睛被私心、欲念蒙蔽了的缘故。

［命运第 62 道］骄傲自满，就是生命的升腾过程进入停滞！

　　在现实中，我们会经常见到这样两种奇怪的现象：人一旦取得一些进步，就会因为欣喜而扬扬得意或者自我膨胀；人一旦取得一些进步，就会骄傲自满，就会停滞，甚至可能会倒退。

一些修行者面对上述两种现象，为了鞭策自己，就努力去探索这背后的病根。最终发现，那是因为自己志向不够高远，目标不够远大，还没有完全脱离开小人的模式。因此才会在取得一些临时性的、小小的进步之后而再次泛起过去的肮脏和卑贱。

很显然，了凡先生是解决了这个问题的。他找到了自己在改过过程中能够保持持续精进的一个榜样，这就是春秋时代卫国的大夫，一个终生持续改过的大修行者。

这是在《论语》里记载的一段故事：蘧伯玉使人于孔子，孔子与之坐而问焉。曰："夫子何为？"对曰："夫子欲寡其过而未能也。"使者出，子曰："使乎！使乎！"

卫国大夫蘧伯玉，也是孔子的至交，孔子周游到卫国时，曾经住在他的家里。

一次，他派使者拜访孔子。孔子让使者坐下后，问道："你家先生正在做什么呢？"使者回答说："我家先生在家反省，努力想减少自己的错误，但还没有能完全做到。"使者走了以后，孔子饶有深意地感叹道："这个使者啊，这个使者啊！"

过往关于这一段注解中，对于孔子的那句感叹"使乎！使乎！"，往往解读为"真正的使者啊，真正的使者啊！"，意思是称赞使者的话。实际上，孔子的感叹是饶有深意的。大家想想看，一个大修行者，与自己身边的人还是有着巨大差别的。想想看，若非大修行者，怎么可能持续不断地去反省自己的过失？而且似乎永远达不到完美的地步。蘧伯玉派来的这个使者，很显然是没有真正彻底地理解他们家的这位老先生如此做法的深意。所以才会有"未能也"这种说法。因此说，孔子的感叹是在说：你这个使者啊，实际上你还是没有真正理解你家先生如此修行的真意啊！

在现实中，我们也会听到一些自励的人说："没有最好，只有更好！"是啊，现在的我们肯定不是人生中最好的状态，也谈不上是巅峰的状态。对于一个修行者来说，修行永无止境，改过的意识和行为，也就是对自己缜密的自我审查，永远不能松懈。这才是一个修行者的伟大精神。

持续不断地修行，我们就会修出一个最好的自己，也许这就是每一个人对待自己的最好的态度与做法。

在人生的漫漫旅程中，要记住三句话：现在的自己，绝不是最好的自己；珍惜现在的自己，创造更好的自己；最好的自己不是你拥有了别人或者外在，而是你能创造更好的自己。

作孽之相

然人之过恶深重者，亦有效验：或心神昏塞[1]，转头即忘；或无事而常烦恼；或见君子而赧[2]然消沮[3]；或闻正论[4]而不乐；或施惠而人反怨；或夜梦颠倒，甚则妄言[5]失志[6]。皆作孽之相[7]也。苟一类此，即须奋发，舍旧图新，幸勿自误！

[**注释**]

1 昏塞：闷闷沉沉。

2 赧（nǎn）：因羞惭而脸红。

3 消沮：垂头丧气。沮，沮丧。

4 正论：正派的言论。

5 妄言：违背道理的言论。

6 失志：丧失志气。

7 相：样子。

[**译文**]

　　然而过恶深重的人，也有效验：或者心神昏塞，转头即忘；或者无事而常生烦恼；或者见到德行高尚的人，就难为情，垂头丧气；或者听到正派的言论就不高兴；或者给人家好处，反而遭到对方的怨恨；或者常做噩梦，甚至胡言乱语，丧失做人的志气；所有这些，统统都是作孽的样子。如果有这类现象发生，就一定要奋发努力，赶在祸殃降临之前，舍旧图新，断恶修善，千万不要自误！

[命运第63道]作孽的人，就是会让自己状态极其恶化！

在这一段中，了凡先生向大家展示了改过之后的一种洞察力。这种洞察力，既可以是针对自己的状态的一种觉知，也可以是对周围作孽之人的一种洞察。

如果自己的过失和罪孽过于深重，在改过没有彻底时，或者那些没有进入改过的人，就会出现这样的一些征象。我们将了凡先生所列的行为再做一些当代的补充：

心智浑浊：心神昏塞，转头即忘。

莫名烦恼：无事而常生烦恼，空虚而无聊。

自惭形秽：见到德行高尚的人，就难为情，垂头丧气。

厌恶正能：听到正派的言论就不高兴。

好心遭恨：给人家好处，反而遭到对方的怨恨。

梦中焦虑：常做噩梦，甚至被噩梦吓醒，导致白日也昏沉。

夜不能寐：晚上睡觉的时候难以入眠，白天该清醒的时候又昏昏沉沉。

口吐秽言：张嘴负能量，胡言乱语，丧失做人的志气。

心神不宁：坐立不安，左顾右盼，六神无主，无法专心，惴惴不安的样子。

沉迷酒桌：主要的快乐在酒醉中，醒后会后悔，但又会不断地重复。

分裂人格：公开和私下表现成两类不同的人格。

乱发脾气：对着家人和同事，尤其是对着自己的部下，因为一些小事而发脾气。

诿罪他人：遇到问题时，永远都在指责别人。

永远正确：虚幻地以为自己是永远正确的。

永远自辩：即使自己犯下了明显的错误，也会找出一堆客观理由来为自己辩护。

蔑视圣贤：表面上对圣贤虚假恭敬，私下里从不用心学习，也不持续践行。

追逐名利：将人生的主频道设置为追名逐利，与类似的人陷入钩心斗角。

亲友翻脸：难以长久地维持亲友的和睦关系，因为琐事而轻易翻脸。

冤冤相报：对于发生的恩恩怨怨，心中一直满怀仇恨，没有主动化解的行动。

卖身求荣：为了谋取个人名利，不惜牺牲人格，甚至卖身求荣。

群轰难者：对于落难的人幸灾乐祸，群起而攻之。

疯狂发泄：心中积愤满满，莫名其妙地向无辜者发泄。

媚上鄙下：总是献媚强者，但又从不认真学习。总是鄙视弱者，缺乏同理心。

花枝招展：关注重点在于自己外表的打扮，而从不武装自己的灵魂。

不学无术：要么忙碌，要么无聊，但从没有把学习进步放在首位。

忙碌昏头：在忙碌中填补空虚，在弱智和低能中把自己搞得疲倦。

消费无度：不断地在物质方面增加消费，而不愿意在精神上给自己投资。

喜怒无常：情绪化严重，难以保持平和与友善的稳定情感状态。

家中点火：自以为有功有理，对自己的家人蛮横指责。

关系恶化：与周围人相处，总是难以建立和谐关系，即使友好的也难以持久。

自欺欺人：始终处在虚幻的自信中，回避自己的弱点，夸大自己的长处。

积罪堕落：不断地积累小错而成大过，抱着侥幸心理，鬼使神差般地滑向深渊。

不受教化：听不进长辈或好友的劝阻，即使点头称是，也往往是口是心非。

低级趣味：沉迷于吃喝玩乐、网上游戏，缺乏对美好与品位的追求和欣赏能力。

贬人自吹：通过贬低别人来抬高自己，通过吹嘘自己来鄙视别人。

利用他人：关系都建立在"交易和利用"的基础上，忽视没有利用价值的人。

背信弃义：为了自己的私利，毫无信用可言。即使订立契约，也会轻易背弃。

丧失理想：视理想为虚无，视追求理想为愚蠢，总摆出一副很现实的样子。

媚俗自乐：寻求社会上低俗的信息、人物与事件以自乐，一副幸灾乐祸的样子。

挑拨离间：总在人和人之间传播负面消息，制造人间矛盾。

聚焦负面：看社会、看任何人、看任何事，总是以偏概全，总做负面解读。

以上这些，都会导致自我贬值，自我出卖，最终导致自我沦落。上述的林林总总，都是没有完成改过或者根本没有进行自我改过时所表现出来的自己的样子。

如果有这类现象发生，就一定要奋发努力，赶在祸殃降临之前，舍旧图新，断恶修善，千万不要自误！千万别忘了这样一句话：天作孽，犹可恕；人作孽，不可活。

第三篇　积善之方

［本篇提要］

积善以消灾获福，为立命造因。了凡先生在这里讲述行善的十例、八别、十纲。

行善十例

《易》曰："积善之家，必有余庆[1]。"

昔颜氏将以女妻[2]叔梁纥[3]，而历[4]叙其祖宗积德之长，逆知[5]其子孙必有兴者。孔子称舜[6]之大孝，曰："宗庙飨[7]之，子孙保之。"

皆至论[8]也，试以往事征[9]之。

[注释]

1 庆：福也。

2 妻：动词。

3 叔梁纥（hé）：孔子的父亲，名纥，字叔梁。

4 历：遍，完全。

5 逆知：预先知道。

6 舜：上古时代著名的帝王，品德极为高尚，虽然父亲和继母虐待他，甚至阴谋杀害他，他仍然对他们非常之孝顺，终于感化了他们。后来舜被选为尧帝的继承人。

7 飨：同"享"。

8 至论：极确切、极高明的评论。

9 征：检验证明。

[**译文**]

《易经》说："积善的人家，一定有多余的福留传给子孙后代。"

从前颜氏打算把女儿嫁给孔子的父亲时，遍述他祖宗积德之久长，因此预知他的子孙后代一定兴旺发达。孔子称赞舜是大孝，说："由于孝心至诚，他在宗庙祭祖时感动得祖宗前来受享，他的福德深厚，子子孙孙会一代代地传流下去。"

这都是极确切、极高明的论断，我现在用过去已经发生的事来加以检验证明。

洪水救人

杨少师[1]荣，建宁人，世以济[2]渡为生。久雨溪涨，横流[3]冲毁民居，溺死者顺流而下。他舟皆捞取货物，独少师曾祖及祖惟救人，而货物一无所取，乡人嗤[4]其愚。

逮[5]少师父生，家渐裕。有神人化为道者，语之曰："汝祖、父有阴功[6]，子孙当贵显，宜葬某地。"遂依其所指而窆[7]之，即今白兔坟也。后生少师，弱冠[8]登第，位至三公[9]，加曾祖、祖、父如其官。子孙贵[10]盛[11]，至今尚多贤者[12]。

[注释]

1 少师：官位，是明清时代大臣的最高荣衔之一。

2 济：渡，过河。

3 横流：汹涌而泛滥两岸的大水。

4 嗤：讥笑。

5 逮：到、及。

6 阴功：亦即阴德，行善不为人知。

7 窆（biǎn）：安葬。

8 弱冠：年龄二十岁。

9 三公：太师、太傅、太保和少师、少傅、少保都称为三公，是明清时代大臣的最高荣衔。

10 贵：指子孙做大官的多。

11 盛：指子孙的人数多，兴旺发达。

12 贤者：有道德有才能的人。

[译文]

官做到少师的杨荣，是建宁府的人，祖上世世代代以摇摆渡船为生。由于连日暴雨，河水猛涨，洪水冲毁居民住房，溺死的人顺流而下。其他的船都在捞取货物，唯独杨荣的曾祖及祖父只忙着救人，而对漂来的货物一无所取，乡里的人都讥笑他们愚蠢。到了杨荣的父亲出生，家境就渐渐宽裕起来。有神人化作道士，对杨荣的父亲说："由于你的祖父和父亲有阴德，其子孙后代将做大官，富贵显要。你应当把他们葬在某处，那里风水甚好。"于是杨荣的父亲就按照道士指示的地方，把祖父和父亲安葬在那里，现在这座坟很有名，就是人们所说的白兔坟。后来生了杨荣，他二十岁就考中进士，官一直做到三公，皇帝还赠封他的曾祖、祖父和父亲享有同他一样的官衔。子孙显贵而且众多，到现在都还有许多是有道德有才能的人。

［命运第 64 道］救人危难，不抢钱财，灵魂已经站在高处！

1.身虽为平民位，心却有天地大义。

2.俗人唯利是图，义者却一心救人。

3.被俗众耻笑愚，心却有乾坤定魂。

4.祖上阴德泽后，后世辅国成大器。

公门济囚

鄞[1] 人杨自惩，初为县吏[2]，存心仁厚，守法公平。时县宰[3] 严肃，偶挞一囚，血流满前[4]，而怒犹未息，杨跪而宽解之。宰曰："怎奈此人越法[5] 悖理[6]，不由人不怒。"自惩叩首曰："上失其道，民散久矣。如得其情，哀矜[7] 勿喜。喜且不可，而况怒乎？"宰为之霁颜[8]。家甚贫，馈遗[9] 一无所取。遇囚人乏粮，常多方以济之。一日，有新囚数人待哺[10]，家又缺米。给囚，则家人无食；自顾，则囚人堪悯。与其妇商之，妇曰："囚从何来？"曰："自杭而来。沿路忍饥，菜色可掬[11]。"因撤己之米，煮粥以食囚。后生二子，长曰守陈，次曰守址，为南北吏部侍郎[12]。长孙为刑部侍郎，次孙为四川廉宪[13]。又俱为名臣。今楚亭、德政，亦其裔也。

[**注释**]

1 鄞（yín）：县名，属浙江省。

2 县吏：县衙门里的书办。

3 县宰：知县。

4 前：堂前。

5 越法：犯法。

6 悖理：背理。

7　哀矜：伤心怜悯。

8　霁（jì）颜：息怒的面容。霁，雨、雪停止，天放晴；怒息而转和悦。

9　馈（wèi）遗：送礼。馈，赠送。

10　待哺：形容人饿极了期待食物，就如像初生的婴儿哭着要人喂一样。哺，喂不会自食的幼儿。

11　菜色可掬：形容脸上充满了菜色，手都捧得起来。菜色，饥馑之色，饥民因无粮食而长期吃菜叶，肌肤呈青黄色。掬，用两手捧。

12　南北吏部侍郎：明朝开国时，京城在南京。后来的皇帝迁至北京，北京成为京城，但是南京的京城地位并未取消，所以有南、北两个京城，并且都设有中央的六个部。六部是：吏部、户部、礼部、兵部、刑部和工部。侍郎，明、清之前，各部均以侍郎为长官之副，至明、清递升为正二品，与尚书同为中央各部的长官。

13　廉宪：各省主管刑法的首长。

[**译文**]

鄞县（今宁波市鄞州区）人杨自惩，起初是县衙门里的书办，存心仁厚，守法公平。那时知县很严肃厉害，有一次命令差役责打犯人，已经血流满地，仍然发怒不止，还喝令再打。杨自惩看了心中很难过，就跪下替这犯人求情。知县说：

"有你讲情，本来也可以饶他，但是此人犯了法还强词夺理，不能不令人发怒。"杨自惩叩头说道："上面当官的腐败横行，民心散乱已经很久了。审问案件若是得了实情，都应该替当事者伤心，同情他们，切不可高兴得意，以免错判。高兴得意尚且不可，怎么可以发怒呢？因为怒气之下，很容易屈打成招啊！"县官听了杨自惩的话深为感动，因而息怒。

杨自惩的家非常贫困，因为在衙门做事权力大，许多人来送礼，但他全部谢绝。遇到狱中犯人没吃的，总是想方设法周济。有一天新来了几个犯人没饭吃，自己家中又缺米。要是把家中仅有的一点米给犯人吃，则家里的人没吃的；如果自己吃，则犯人饿得实在可怜。于是杨自惩同妻子商量，妻子问他："这些犯人是从哪里来的？"他回答说："他们从杭州来。沿路没有吃的，忍饥挨饿熬到这里，满脸菜色。"于是，夫妻二人就把自家等着要吃的米拿出来，煮成稀饭给这些犯人吃。后来生了两个儿子，长子杨守陈，次子杨守址，一个是南京吏部侍郎，一个是北京吏部侍郎。长孙做到刑部侍郎，次孙做到四川廉宪。这四人都是名臣。现在我们所认识的自号楚亭的杨德政，也是杨自惩的后人。

［命运第 65 道］手握重拳，扶危济困，才不会因滥权而遭反噬！

1. 身在公门，为受难者温情。

2. 责上无德，留慈悲于百姓。

3. 公门权大，拒礼周济犯人。

4. 祖上积德，后世子孙成材。

全活万人

昔正统[1]间，邓茂七倡乱于福建，士[2]民从贼者甚众。朝廷起[3]鄞县张都宪[4]楷南征，以计擒贼，后委布政司[5]谢都事[6]，搜杀东路贼党。谢求贼中党附册籍，凡不附贼者，密授以白布小旗，约兵至日，插旗门首，戒军兵无妄杀，全活万人。后谢之子迁，中状元，为宰辅[7]；孙丕，复中探花[8]。

[**注释**]

1 正统：明英宗的年号，公元 1436—1449 年。

2 士：读书人。

3 起：起复，即朝廷重新任用以前做官、后来闲居家中的人。

4 都宪：即都御史，又称“都堂”，是都察院的长官。“都察院”是中央负责考察、弹劾官吏的机关。

5 布政司：管理全省财政，如现在的财政厅。

6 都事：官名，掌管文书。人命关天，全活万人，阴德大极！

7 宰辅：宰相；明朝已经不设宰相职位，这里"宰辅"实际上是指内阁元首。

8 探花：举人考中了进士，就要到皇帝那里去殿试，被录取的，由皇帝亲自点名次：第一名是状元，第二名是榜眼，第三名是探花，第四名是传胪，其余的统称翰林。所以通常说"点状元""点翰林"。

[译文]

过去正统年间，邓茂七在福建叛乱，许多读书人和平民百姓都跟从他。朝廷起用曾做过都御史的鄞县人张楷，带兵南下到福建征讨，用计把邓茂七擒住了；后来张楷又委派福建省布政司下面一位姓谢的都事，去搜捉福建省东部的余党，命令他捉到就杀。谢都事不肯滥杀无辜，于是设法找到依附邓茂七的名册，凡是名册中没有名字的人，就秘密给他一面白布小旗，并告诉他：官兵到来的那一天，就把这面白旗插在家门口；同时严戒军兵：凡是插有白旗的人家不得妄杀。这样救活的有一万多人。后来谢都事的儿子谢迁，中了状元，官做到宰相；孙儿谢丕，又中了探花。

[命运第 66 道] 滥杀无辜，沦为禽兽；救助无辜，众愿大福！

勇灭叛匪，宽待无辜，巧制滥杀；救助他人，书天地卷，子孙承福。

乐善好施

莆田林氏，先世有老母好善，常作粉团施人，求取即与之，无倦色。一仙化为道人，每旦索食六七团。母日日与之，终三年如一日，乃知其诚也。因谓之曰："吾食汝三年粉团，何以报汝？府后有一地，葬之，子孙官爵，有一升麻子之数。"其子依所点葬之，初世即有九人登第，累代簪缨[1]甚盛，福建有"无林不开榜"[2]之谣。

[注释]

1 簪缨（zān yīng）：簪和缨是古时达官贵人的冠饰，此处指达官贵人。

2 无林不开榜："无林不开榜，开榜必有林"。公布考上科举名次的榜不发则罢，只要发榜，就一定有林家的人在上面。

[译文]

福建省的莆田县（今莆田市）一家姓林的，上辈有一位老太太很喜欢做善事，常常用米粉做粉团施给穷人，只要有人来要，她立刻就给，从无厌倦的神色。有一位仙人化成道士，每天早晨来要六七个粉团。老太太每天都照样给他，三年如一日，没有一点不耐烦，于是仙人就知道她做善事是出于至诚心。因此对老太太说："我吃了你三年的粉团，该怎样来报答你呢？你府后有一地，如果葬在那里，你的子子孙孙做官封爵的，将有一升麻子的粒数那样多。"老太太去世后，儿子就依照所指示的地点，把她安葬在那里，第一代即有九人中了进士，以后世世代代做大官的人很多，以至于福建省有民谣说："无林不开榜，开榜必有林。"

[命运第 67 道] 痴痴地行善，自证上界高贵！

1. 林姓老太乐善好施，心颜无厌倦。

2. 高人化成劣徒贪吃，考证出至诚。

3. 感动高人点拨老太，开榜必有林。

雪地扶归

冯琢庵太史[1]之父，为邑[2]庠生[3]，隆冬早起赴学，路遇一人，倒卧雪中，扪[4]之半僵[5]矣。遂解己绵裘[6]衣之，且扶归救苏[7]。梦神告之曰："汝救人一命，出至诚心，吾遣韩琦[8]为汝子。"及生琢庵，遂名琦。

［注释］

1 太史：即翰林。从前多以翰林在国史馆任职，故称翰林为太史。

2 邑：县。

3 庠（xiáng）生：秀才；读书人考上秀才，即可进入县的学宫读书，称为"庠生"，亦称"诸生"。庠，县的学宫。

4 扪：摸。

5 僵：死去。

6 绵裘：以绵绸做面子的皮袍。

7 苏：假死后再活过来。

8 韩琦：宋朝宰相，是文武双全的一代名臣。

［译文］

冯太史名琦字琢庵，当年他父亲是县学的学生，在一个严寒的冬天早起上学，路遇一人倒卧在雪中，摸他身上，已冻得半死了。于是就脱下自己的皮袍裹在他身上，而且扶回自己家中把他救活。夜间梦见一神人告诉他说："你救人一命，出于至诚之心，我让韩琦投生你家做你的儿子。"所以后来冯太史出生，就给他起名叫琦。

［命运第 68 道］舍己救人，除一切恶，造人间大福！

1.祖上路遇雪中半死人，脱袍救活。

2. 此等大义感天动地，子官太史。

广积阴德

台州应尚书，壮年习业[1]于山中。夜鬼啸集，往往惊人，公不惧也。一夕闻鬼云："某妇以夫久客不归，翁姑[2]逼其嫁人，明夜当缢死于此，吾得代矣。"公潜[3]卖田，得银四两，即伪作其夫之书，寄银还家。其父母见书，以手迹不类疑之，既而曰："书可假，银不可假，想儿无恙。"妇遂不嫁。其子后归，夫妇相保如初。公又闻鬼语曰："我当得代，奈此秀才坏吾事。"傍一鬼曰："尔何不祸之？"曰："上帝以此人心好，命作阴德尚书矣，吾何得而祸之！"应公因此益自努励，善日加修，德日加厚。遇岁饥，辄捐谷以赈[4]之；遇亲戚有急，辄委曲[5]维持[6]；遇有横逆[7]，辄反躬自责[8]，怡然顺受。子孙登科第者，今累累[9]也。

［注释］

1 习业：读书用功准备考功名。

2 翁姑：丈夫的父母。

3 潜：暗地里做。

4 赈：赈济，救济。

5　委曲：曲意求全。

6　维持：护持不使失败。

7　横逆：无理的侵犯。

8　反躬自责：从自己方面找原因，责备自己。

9　累累：连续成串。

［译文］

浙江省台州府一位姓应的尚书，壮年时在山中读书用功，准备考功名。晚上许多鬼长呼短叫，聚集在周围，十分吓人，但是他一点儿也不害怕。一天晚上，听见一个鬼说："某妇人因为丈夫长期在外没有回来，她的公公婆婆以为儿子已经死在外边，就逼她嫁人。这妇人矢志不从，明天晚上要在这里上吊，这下我可找到替身了。"应公就暗地里把自己的田卖掉，得银四两，假装她的丈夫写了一封信，连同银子寄到她家。起初，这两老看见信的笔迹不像，有些怀疑，继而一想："信可以作假，但谁会拿银子来作假？想来儿子平安无事。"于是就不再逼媳妇嫁人。后来这两老的儿子回来了，夫妇没有被拆散，同当初一样生活得好好地。应公又听见鬼说："我本来已经找到了替身，怎奈这个秀才坏了我的大事。"旁边一个鬼说："那你为什么不去害他呢？"那个鬼回答说："上天因为这人心好，已经下令封他做阴德尚书，我怎么害得了他！"应公因此益发努力发奋，严格要求自己，善一天天修积，德一天天加厚。遇到荒年，总是捐出自家的谷来救济饥民。遇到亲戚有急难，总是想尽办法来帮助他们渡过难关。遇到蛮横无理的言辞举动，总是从自己方面找原因，安然顺受不与计较。他的子孙登科第的，到现在都还很多。

［评注］

再举一例：清朝时代，苏州孝廉，明清时代对举人的称呼。曹锦涛，精於医术，妙手回春。有一天，曹公出门时，见一个贫穷妇女跪在门外，哭着哀求给她的婆母治病。她说，因家道贫寒，无钱请别人看病，因听说先生慈悲为怀，一定能够亲自去为婆母治病。曹公就前去给她的婆母诊治，看完病，曹公就回家了。而这时贫妇的婆母，发现枕头底下的五两白银没有了，她们猜想一定是曹公所偷。这个贫妇就找到曹公门上，责问他为什么偷婆母的钱。曹公听罢，无一言辩解，立即如数将白银给了她。等到贫妇回到家，她的婆母已经找到了这五两白银。贫妇大感愧悔，赶紧把银钱送还谢罪。她问曹公说："先生，您为什么承认自己偷走了银钱呢？"曹公说："我是想让你婆母的病尽快好转，如果我不承认偷银，你婆母必定着急，病势必定加重，还可能因此难以治好了。我只希望你婆母的病快好，所以就不怕别人说我偷银钱了。"曹公的居心仁厚，真可以说是无以复加了！曹公所生的三个儿子，长子是御医，年寿八十多岁，家道大富；次子是翰林，官做到藩台；第三子也是翰林，博通经史，专志著述。曹公的曾孙也不少，有许多富贵发达的。

[命运第69道] 至善，感天动地，命运就会被光明普照！

1. 所遇皆是善缘，自花银两助一家周全。

2. 所行之善感天，纵使天地必加以护持。

3. 遇有蛮横自省，自身安然子孙也登科。

富而利众

常熟徐凤竹栻[1]，其父素[2]富。偶遇年荒，先捐[3]租以为同邑之倡，又分谷以赈贫乏[4]。

夜闻鬼唱于门曰："千不诓[5]，万不诓，徐家秀才做到了举人郎。"相续而呼，连夜不断。是岁，凤竹果举于乡[6]。

其父因而益积德，孳孳[7]不怠，修桥修路，斋僧[8]接众[9]，凡有利益，无不尽心。后又闻鬼唱于门曰："千不诓，万不诓，徐家举人，直做到都堂。"凤竹官终两浙巡抚。

[注释]

1 栻：shì。

2 素：素来，向来。

3 捐：舍弃。

4 乏：缺少。

5 诓：骗人的话。

6 举于乡：乡试考上举人。

7 孳孳：同"孜孜"，勤勉，不懈怠。

8 斋僧：设食供僧众。

9 接众：以钱、粮、衣物接济众多的穷人。

[译文]

江苏省常熟县的徐栻，号凤竹，他的父亲素来有钱，只要遇到荒年，总是带头免租，为全县做出榜样，又把自家的谷拿出一部分来赈济穷苦人家。

夜间听见鬼在他家门口唱："千不诓，万不诓，徐家秀才做到了举人郎。"呼唱之声相续，连夜不断；这年徐凤竹果然考上举人。

他的父亲因而愈加积德，勤勉行善，毫不懈怠，修桥补路，斋僧济众，凡有利益众人的事，无不尽心。后来又听到鬼在他家门口唱："千不诓，万不诓，徐家举人，直做到都堂。"徐凤竹的官果然一直做到两浙巡抚。

[命运第 70 道] 正能量传递多少，命运中的福气就会有

多少。

1. 富而助穷，赈济穷苦。

2. 天地籁音，报喜子孙。

3. 勤勉行善，好事连连。

平冤减刑

嘉兴屠康僖公[1]，初为刑部主事[2]，宿狱中，细询诸囚情状，得无辜[3]者若干人。公不自以为功，密疏其事，以白堂官[4]。后朝审[5]，堂官摘其语，以讯[6]诸囚，无不服者，释冤抑[7]十余人，一时辇下[8]咸颂尚书之明。公复禀曰："辇毂之下，尚多冤民；四海之广，兆[9]民之众，岂无枉者？宜五年差一减刑官[10]，核实而平反之。"尚书为奏，允其议。时公亦差减刑之列。梦一神告之曰："汝命无子，今减刑之议，深合天心，上帝[11]赐汝三子，皆衣紫腰金[12]。"是夕夫人有娠[13]，后生应埙、应坤、应埈，皆显官[14]。

[注释]

1 公：尊称。

2 刑部主事：刑部中较低级的官员，官阶为正六品。刑部：中央六部之一，掌管国家的法律、刑狱事务，长官为刑部尚书。

3 辜：罪。

4 堂官：中央各部的长官，即尚书。

5 朝（cháo）审：每年秋天，刑部会同都察院和大理寺，把已判死刑尚未处决的案件复审。

6 讯：审问。

7 冤抑：冤枉而屈打成招的。

8 辇下：指京城。与下文"辇毂之下"同意。辇，皇帝坐的车。

9 兆：百万；古代指万亿。

10 五年差一减刑官：每五年差遣一次减刑官。这里的"一"，是一次。

11 上帝：天帝。

12 衣紫腰金：身穿紫袍，腰佩金银鱼袋，这是大官的装束，指大官。

13 娠：胎儿在母体中微动；泛指怀孕。

14 显官：显贵的高官。

[译文]

嘉兴府的屠康僖，起初是刑部的主事，晚上就宿在狱中，详细询问死囚犯各自的案情，查得无辜者若干人。但是屠公不自己居功，而是秘密地把这些情况写成条陈，上报给刑部尚书。后来对已判死刑的案件复审时，刑部尚书就用条陈中的话来审讯这些囚犯，没有不服的，还因此释放了受冤枉而屈打成招的十余人，一时京城里都赞颂刑部尚书的英明。屠公又向刑部尚书禀告说："天子脚下的京城，尚且有如此多的冤民；全国这样大的地方，百姓成万上亿，哪里会没有冤枉的人呢？应当每五年一次，派遣减刑官去各省核实案情，平反冤狱。"夜间梦见一神人告诉他："你命中无子，现在你提出减刑的建议，深合天心，天帝赐你三子，将来都会做大官。"当天晚上屠公的妻子就怀孕，后来生了三个儿子：应埙、应坤、应埈，都做了显贵的高官。

［命运第 71 道］用良知救人，就是人间上等人！

1. 用良知思考，纠正冤屈，匡扶正义，直指救人。

2. 犹如承天命，暗做天官，正义使者，自造大福。

敬诚之心

嘉兴包凭，字信之，其父为池阳太守。生七子，凭最少，赘[1]平湖袁氏，与吾父往来甚厚。博学高才，累举[2]不第[3]，留心二氏之学[4]。一日东游泖湖[5]，偶至一村寺中，见观音像淋漓[6]露立[7]，即解橐[8]中十金[9]，授主僧，令修屋宇。僧告以功大银少，不能竣[10]事。复取松布四疋[11]，检箧[12]

中衣七件与之；内纪褶，系新置，其仆请已之。凭曰："但得圣像无恙，吾虽裸裎[13]何伤？"僧垂泪曰："舍银及衣布，犹非难事，只此一点心，如何易得！"后功完，拉老父同游，宿寺中。公梦伽蓝[14]来谢曰："汝子当享世禄[15]矣。"后子汴、孙柽[16]芳，皆登第，作显官。

[注释]

1 赘（zhuì）：招女婿，即女婿住在女方家中。

2 累举：屡次投考举人。

3 不第：没考中，也叫"落第""下第"；"第"是考试及格的等第。

4 留心二氏之学：平日喜欢研究佛学和道教。"二氏"是指佛祖释迦牟尼和道教始祖老子李耳。

5 泖（mǎo）湖：在江苏省松江府。

6 淋漓：湿透的样子。

7 露立：形容屋破无以遮蔽风雨，如立露天。

8 橐（tuó）：口袋。

9 十金：十两银子。

10 竣：事情完毕。

11 疋：同"匹"。

12 箧：竹箱，古时常用作行李箱。

13 裎（chéng）：露体。

14 伽蓝：佛寺里的护法神。

15 世禄：子孙世世代代做官。禄，官吏的俸禄。

16 柽：chēng。

［译文］

嘉兴县的包凭，字信之，他的父亲是池阳府的太守。生了七个儿子，包凭最小，被平湖县（今平湖市）袁家招上门做女婿，同我的父亲交情甚厚，经常往来。他学问渊博，才华横溢，但是连考了好几次举人，都没考上，平日喜欢研究佛学和道教。一日东游泖湖，偶然到了一个村中的寺庙，看见观音菩萨像全身淋湿，就立即解开口袋拿出十两银子，交给主事的和尚，要他整修破陋的殿宇。和尚告诉他："工程大，十两银子太少，不能完成。"包凭又拿出松江出产的布四疋，并从竹箱里拿出七件衣裳，交给和尚；其中纻麻布夹衣还是这次在松江府新做的，仆人劝他罢了。包凭说："只要能使圣像安好，我就是赤身露体又有什么妨碍呢？"和尚感动得流泪，说："施舍银两、布匹和衣裳还不算难事，只是你这一点至诚的心，真太不容易了！"

后来殿堂修复，包凭拉了父亲一同游览，夜间就住在寺中。他梦见护法神来感谢，说："你的儿子将享有世世代代做官的福。"后来他的儿子包汴、孙子包柽芳都中进士，做了显要的高官。

［命运第 72 道］决定命运的终极力量，不是才华，而是德性！

1. 才华横溢，学问渊博，连考不中，命中有缺。

2. 命中善根，敢舍无悔，赤诚无欺，大运启动。

高风厚德

嘉善支立之父，为刑房吏[1]，有囚无辜陷重辟[2]，意哀之，欲求其生。囚语其妻曰："支公[3]嘉意，愧无以报，明日延[4]之下乡，汝以身事之，彼或肯用意，则我可生也。"其妻泣而听命。及至，妻自出劝酒，具[5]告以夫意。支不听，卒为尽力平反之。囚出狱，夫妻登门叩谢曰："公如此厚德，晚世[6]所稀。今无子，吾有弱女，送为箕帚妾[7]，此则礼之可通者。"支为备礼而纳之，生立，弱冠中魁[8]，官至翰林孔目[9]。立生高，高生禄，皆贡[10]为学博[11]。禄生大纶，登第。

［注释］

1 刑房吏：管刑事的书办。

2 重辟：死罪。

3 支公：支先生，"公"是尊称。

4 延：请。

5 具：完全。

6 晚世：近世。

7 箕帚妾：扫地的小妾，这是古时嫁女的客气话。

8 中魁：中了经魁。

9 孔目：在翰林院掌管文牍。

10 贡：古时候选拔人才，推荐给朝廷。

11 学博：州、县"学官"的别称，又称"教官"。

［译文］

浙江省嘉善县有位姓支名立的人，他父亲支公是管刑事的书办。有个囚犯遭人陷害判了死罪，支公非常同情，想设法救他。这位囚犯对他妻子说："支公的美意，我很惭愧无以报答，明天邀请他到乡下来，你以身事他，或许他就会尽心尽力地帮我平反，那样我就可以活命了。"他的妻子哭着答应了。等支公到达，囚犯的妻子亲自出来劝酒，并且把她丈夫的意思都告诉支公。支公全然不听，仍继续尽力为她的丈夫辩护，终于平反了这一冤案。这位囚犯出了狱，夫妻登门叩谢说："像您这样的厚德，近世罕有。您现在还没有儿子，我愿把小女送给您作扫地的小妾，这可是合符礼仪的。"支公就准备了聘礼，正式娶他们的女儿，于是生了支立。支立二十岁去考举人，就中了名列前五名的经魁，后来在翰林院任孔目这一官职。支立生支高，支高生支禄，都选拔为州学、县学的教官。支禄的儿子支大纶，进士及第。

［命运第 73 道］能够将一切都归结为助人，凡人也能成为超人！

1. 人所作一切，背后皆有许多缘分，能够助人，即是自己改命天缘。

2. 不乘人之危，真诚助人去交天卷，大道考官，通过就能成为天人。

凡此十条，所行不同，同归于善而已。

［译文］

以上所举的十个实例，做的事情虽然各不相同，归纳起来都是一个"善"字。

［命运第 74 道］人间道理千千万，唯有救人是正途！

1. 说起来，人间道理千千万。同一件事，不同的人会有不同的道理。

2. 若说对事与物的看法，不管有多少说法，最后由真相、真理来做评判。

3. 若说是对人说法与评判，不管说的如何有道理，最终由一个善来裁判。

行善八别

　　若复精而言之，则善有真、有假，有端、有曲，有阴、有阳，有是、有非，有偏、有正，有半、有满，有大、有小，有难、有易。皆当深辨。为善而不穷理，则自谓行持[1]，岂知造孽，枉费苦心，无益也。

[注释]

1 持：遵守不变。

[译文]

　　如果再精细地讲，则善有真、有假，有端、有曲，有阴、有阳，有是、有非，有偏、有正，有半、有满，有大、有小，有难、有易。这些都应当辨别清楚。行善而不把道理弄明白，便以为自己一直在做善事，殊不知是在造孽，枉费苦心，一点益处都没有。

行善真假之别

何谓真、假？

昔有儒生数辈[1]，谒[2]中峰和尚[3]，问曰："佛氏论善恶报应，如影随形。今某人善，而子孙不兴；某人恶，而家门隆盛。佛说无稽[4]矣！"

中峰云："凡情未涤，正眼[5]未开，认善为恶，指恶为善，往往有之。不憾己之是非颠倒，而反怨天之报应有差乎？"

众曰："善恶何致相反？"

中峰令试言其状[6]。

一人谓："詈[7]人殴[8]人是恶，敬人礼人是善。"

中峰云："未必然也。"

一人谓："贪财妄取是恶，廉洁有守[9]是善。"

中峰云："未必然也。"

众人历[10]言其状，中峰皆谓不然。

因请问，中峰告之曰："有益于人，是善；有益于己，是恶。有益于人，则殴人、詈人皆善也；有益于己，则敬人、礼人皆恶也。是故，人之行善，利人者公，公则为真；利己者私，私则为假。又，根心[11]者真，袭迹[12]者假。
又，无为[13]而为者真，有为而为者假。皆当自考[14]。"

[**注释**]

1 数辈：数人。

2 谒：拜见。

3 中峰和尚：即中峰禅师，元朝高僧。

4 无稽：没有凭据。

5 正眼：即法眼，能看清事物的本质。

6 状：事物表现出来的情形。

7 詈（lì）：骂。

8 殴：打人。

9 有守：有操守。

10 历：依次遍及。

11 根心：出自内心。

12 袭迹：沿着别人的脚迹走。这里的意思是说：模仿别人的样子而不是真正学习他的善行。

13 无为：无所希求。

14 考：推求，研究。

[**译文**]

什么叫作真善、假善？

从前有几个读书人，前去拜见中峰禅师。

他们问道："佛家说，善恶报应，如影随形。现今某人善，而他的子孙不兴旺；某人恶，而他的家门隆盛。佛这样说就没有凭据了！"

中峰禅师说："平常人俗情没有洗涤干净，没有正知正见，于是认善为恶，指恶为善，这是常常有的。他们不悔恨自己是非颠倒，怎么反去埋怨上天报应错了呢？"

众人说道："善就是善，恶就是恶，怎么可能弄反了呢？"

中峰禅师就叫他们试着把那些行善、作恶的情形描述出来。

一人说道："骂人打人的是恶，敬人礼人的是善。"

中峰禅师说："不一定吧。"

一人说道："贪财乱要钱的是恶，廉洁有操守的是善。"

中峰禅师说："不一定吧。"

大家把所见所闻"行善遭祸，作恶得福"的事情一桩桩地讲出来，中峰禅师说他们都错了，是指恶为善，认善为恶。

于是他们请教中峰禅师：究竟什么是善？什么是恶？

中峰禅师告诉他们："有益于人，是善；有益于己，是恶。有益于人，则打人、骂人都是善；有益于己，则敬人、礼人都是恶。"

因此，人行善事，利人的就是公，公则为真善；利己的就是私，私则为假善。

此外，出自内心的是真善，做样子的是假善；没有希求而行善是真善，有所希求而行善是假善。

所有这些，自己都应当仔细去考察辨别。

［命运第 75 道］读书若不识真善，八车学问也枉然。

提出问题：一群读书人，拜见修行觉者中峰禅师。提出了现实中一个普遍性的问题："某人善，但子孙不旺。某人恶，却家业兴隆。"这群读书人用现实中的事例质疑"善恶报应，如影随形"这样一条道德理念。

禅师对答：平常人心不干净，尚存邪知邪见，定会认善为恶或者认恶为善。"善恶报应，如影随形"这是觉者在正知正见的洁净心性中看到的。生命处在两类不同的状态，自然看到的就是不同的世界。用不干净的心所看到的世界假象来质疑干净的心所看到的世界真相，这是心智的时空错位。

摸底调查：中峰禅师让那些书生各自阐述一下对善恶的理解，于是一众书生七言八语地把对善恶的俗众级的理解说了出来。可惜啊，读书人尚且如此，这书到底是怎么读的？那不识字的人又该怎么办呢？自然，书生们的观点——被禅师质疑。禅师指出了他们共同的错误：指恶为善，认善为恶。

标准揭秘：中峰禅师提到了四个方面，我又给补充了几个角度：

第一，有益于人，是善；有益于己，是恶。延伸加上"时间线"和"觉醒线"：短期有益于人而长期不利于人，是伪善真恶。如娇惯孩子，只爱孩子却没有教会孩子爱别人的能力。眼前不利于人但长期有利于人，是伪恶真善，是一种深层的教化。眼前利于人同时也长期利于人，并助其觉醒而让善愿与善能接通、善法与善果接通、善念能够转成善的信仰，则可谓之上善至善。

第二，有益于人，则打人、骂人都是善；有益于己，则敬人、礼人都是恶。延伸加上"分寸线"和"结果线"：有益于人，打骂不做优先选择，即使使用还要注意"分寸线"；即使产生了正面效果，也不能让打骂同时构成伤害性。打骂也好，礼敬于人也罢，不管心中愿望是善是恶，最终要通过对象身上出现的结果和后续的演变方向来评判。

第三，利人的就是公，公则为真善；利己的就是私，私则为假善。延伸加上"交易线"和"永恒线"：利人是否心怀交易心？是否会无条件地永恒持续下去？明着为公，实则为己，即是算计与阴险，实为邪恶。明着利己，但遵守规则，不强求于人，将就公平和契约，也算是守住了底线。

第四，出自内心的是真善，做样子的是假善。延伸加上"行动线"与"善果线"：出自真心也好，虚情假意也罢，关键是如何证明？要看是否付出真实行动、是否能用智慧方法、是否能够指向最终善果以及后续的善流。

第五，没有希求而行善是真善，有所希求而行善是假善。

延伸加上"无条件线"和"不动摇线"：行善若是有所希求，已经变质为"交易"，但又是打着善的旗号的隐晦型交易，也可能会因为隐晦而导致双方对交易条件的认知出现差异，这样的"假善"在人间制造了许许多多说不清、道不明的恩恩怨怨。因此，"真善"是不做交易的，是单项付出的和推动对方良化的。而且，不管对方如何反馈自己，善的方向是不动摇的。

第六，善向不变，但会根据过程效果与变化情况以及对方的反馈进行调适，此为真善。若是固守善向的同时，方法固化与缺乏调适能力，也将铸成恶果，此为伪善。

第七，真心行善，亦有善法，并生善果，此时内心是否会生"傲慢之心、居功之心"这样的"心毒"？若是因为行善有成而生傲慢与居功之"心毒"，则前功尽弃，即是伪善。若能行善有成，还能以报恩之心行善，将行善作为感恩、报恩对方的行动，进一步感恩对方给予报恩的机会。同时，还能真诚地、连续不断地、无怨无悔地检讨自己的过失，并将报恩进行到底，永无完结，坚定践行"滴水之恩，涌泉相报"之信条，可感天动地，可感化众生，可广结善缘。此即是真善与至善之大成！

善良是人性之根，善良是人生的智慧！

行善端曲之别

何谓端、曲？

今人见谨愿[1]之士，类[2]称为善而取之；圣人则宁取狂狷[3]。至于谨愿之士，虽一乡皆好，而必以为德之贼[4]。是世人之善恶，分明与圣人相反。推此一端，种种取舍，无有不谬。天地鬼神之福善祸淫[5]，皆与圣人同是非，而不与世俗同取舍。

凡欲积善，绝不可徇[6]耳目，惟从心源隐微处，默默洗涤。

纯是济世之心，则为端[7]；苟有一毫媚世之心，即为曲[8]。

纯是爱人之心，则为端；有一毫愤世之心，即为曲。

纯是敬人之心，则为端；有一毫玩世之心，即为曲。皆当细辨。

[注释]

1 谨愿：谨慎恭顺。

2 类：大都，大多。

3 狂狷：勇于进取而不拘小节。

4 德之贼：破坏风俗道德的人。这里是说："谨愿之士"没有原则，随大流，风俗道德就在他的影响下，不知不觉地被破坏掉。

　　5 淫：邪恶。

　　6 徇：曲从。

　　7 端：端正。

　　8 曲：歪斜。

[译文]

什么叫作端善、曲善？

　　现在人们见到谨慎恭顺的好好先生，大都称他为善人而喜欢他；但圣人却宁肯选取勇于进取而不拘小节的人，认为他们是善人，因为他们敢做敢当。至于好好先生，尽管全乡都喜欢，实际上是世风民俗道德的贼，因为他们没有原则，随波逐流，世风民俗的道德就在他们的影响下，不知不觉地被破坏掉。这说明世人的善恶标准，分明与圣人的相反。依此推之，世俗的种种取舍标准，无不荒谬颠倒。然而天地鬼神福善祸恶的标准，都是与圣人相同，而不依顺世俗的观念看法。

　　所以，凡欲积善，绝不可曲从世俗的议论和看法，而必须从心灵深处，默默洗涤净化，去除私心、欲念，按照圣人的善恶标准来行动。

　　纯粹是济世之心来行善，就是端善；若有丝毫讨好世人的心来行善，就是曲善。

纯粹是爱人之心来行善，就是端善；有一毫愤瀮世人的心来行善，就是曲善。

纯粹是敬人之心来行善，就是端善；有一毫玩弄世人的心来行善，就是曲善。都应当仔细分辨。

［命运第 76 道］行善若是藏私心，没有功劳反成罪！

行善端曲，说的是"端善"与"曲善"。端善，说的是阐发于心，坚持原则，明辨是非，不曲意逢迎，心正可昭日月。曲善，说的是阐发于心计，无原则的和气，没是非的逢迎，其心一切是利己。端善与曲善，这也是世俗之人与圣人的行善之本质区别之一。

只是世人对善恶之观念，已经颠倒黑白，认知已经混乱。了凡先生提出，可以从以下三个方面来区分"端善"与"曲善"：第一，以济世之心行善，即是端善。以刻意讨好之心行善，即是曲善。第二，以爱人之心行善，即是端善。以愤瀮世人之心行善，即是曲善。第三，以敬人之心行善，即是端善。以算计要弄之心行善，即是曲善。

总之，端曲全在一心一念，起心动念皆以"善"为核心，即是端善。否则就是曲善。

行善阴阳之别

何谓阴、阳？

凡为善而人知之，则为阳善；为善而人不知，则为阴德。阴德，天报之；阳善，享世名。名，亦福也。

名者，造物[1]所忌。世之享盛名而实不副[2]者，多有奇祸；人之无过咎[3]而横被恶名者，子孙往往骤发。阴阳之际微矣哉！

[注释]

1 造物：天造万物，故称天为"造物"。

2 副：相称。

3 咎：过失。

[译文]

什么叫作阴善、阳善？

凡是行善而为人知，则是阳善；行善而不为人知，则是阴德。阴德，天给以福报；阳善，享受世人的赞誉。因为赞誉，也是福报。

名气，是被天所忌恶的。世间享有盛名而与其实际不相称的人，多有奇祸；那些横遭污蔑攻击而坚持行善的人，其子孙往往突然发达。阴德阳善之间，它们的果报真是十分微妙啊！

[命运第 77 道] 阳善难得别张扬，阴德珍贵莫彷徨！

"阳善阴德"，是中国文化中一种很特别的，也是颇具深度与高度的道德观念。

在现实中虽然人们也会听到"祖上积了阴德"之类的说法，但似乎没有太多的人在意这类事情。

"阴阳思想"是中国文化中极具特色的思维方式，"阳善阴德"更是给中国的道德观蒙上了一层神秘莫测的色彩：

君不见，在红尘中，以为行善是正确的，因而就可以理直气壮，甚至是很张扬地进行。结果，这样的行善常常招来厄运。这难道是"好心不得好报"吗？非也！行善之心是正道，行善的方式如果过于张扬自己，甚至有意将自己装扮成"好人"，这不也是私心萌发了吗？而且，这样做还激发出了一些人内心深处的一种"邪恶逻辑"：你是好人，那我是坏人？好人全让你做了，那我们呢？既然你这个好人的出现让我有了"自己是坏人"的感觉，那我就要改变你这个存在。你做善事是你的自由，你做点善事就把自己装扮成了好人，这可不行，我一定找出能够代表你恶的本质事件和事实，戳穿你的美丽包装。

"善会激发善，有时也会激发恶"，但"恶激发恶"的概率会更大。于是，有经验的人们就又向高处提升了一步：只做好事，不做好人，尤其不做有点包装色彩的好人，尤其不做出了名的好人。否则，你在舞台上光鲜，阴影中就会有一群数不清数量的恶人咬牙切齿地盯着你、算计你、陷害你、诋毁你，最终毁掉你！

当然，如果那个行善的大好人已经去世了，大张旗鼓地宣传和学习，倒是比较安全的。一是因为活着的人没人去跟死人计较。二是即使想败坏这个好人，往往也无从下手。不过，话也不能说得太绝对，如果阴险邪恶到了极致，即使是那个好人去世了，也会把他的过去挖出来，以小节当大义、以片段评全面、忽视背景孤立审判、不管成长性的历史性，而从一个点上定一个人的本质，等等。实在不行，就用"半事实＋半编造"的模式去编造出一些故事，蛊惑那些缺乏强大分析、分辨能力的普罗大众，形成有口难辩的态势，或者使用这样的邪恶逻辑，让维护当事人的人有口难辩，或者只要一辩，就被贴上邪恶标签。

总之，只要是人心坏了，就没有好人好事了。只要是敌对阵营，那就想方设法颠倒黑白，制造思想混乱。

人类的科技文明在大踏步地前进，但人心的道德文明，在很多人那里却长期停滞了，甚至倒退了，以至于发挥出了让禽兽都自叹不如的邪恶。

于是，洞察人间邪恶的人，就选择了做不出名的行善者，做悄悄的隐形的行善者，把善的能量做进自己的心、做进当事人的心，但绝不做成公开的展示品，否则，善就被污染了。这也是由邪恶所逼出来的一种上善，老子将其称为"玄德"。

人们总说人心？但说的并不是真正的人心！那说的是兽心？兽心未必能如某些人那样！那说的是鬼心？鬼知道！当然，谁有谁知道！

行善是非之别

何谓是、非？

鲁国之法，鲁人有赎人臣妾[1]于诸侯，皆受金于府。

子贡赎人而不受金，孔子闻而恶之，曰："赐[2]失之矣！夫圣人举事[3]，可以移风易俗，而教道[4]可施于百姓，非独适己之行也。今鲁国富者寡而贫者众，受金则为不廉[5]，何以相赎乎？自今以后，不复赎人于诸侯矣！"子路拯人于溺[6]，其人谢之以牛，子路受之。孔子喜曰："自今鲁国，多拯人于溺矣！"

自俗眼观之，子贡不受金为优，子路之受牛为劣，孔子则取由而黜[7]赐焉。乃知人之为善，不论现行[8]，而论流弊[9]；不论一时，而论久远；不论一身，而论天下。现行虽善，而其流足以害人，则似善而实非也；现行虽不善，而其流足以济人，则非善而实是也。然此就一节论之耳，他如非义之义，非礼之礼，非信之信，非慈之慈，皆当抉择。

[注释]

1 臣妾：古时候穷人生活不下去，卖身给富贵人，男的作奴叫作"臣"，女的作婢叫作"妾"；在战争中被敌国掳去做奴隶的百姓，也叫作臣妾。

2 赐：子贡的名字。

3 举事：行事。

4 教道：教导。道，同"导"。

5 不廉：贪财。

6 溺：在水中被淹。

7 黜：贬退。

8 不论现行：不是根据现前来判断是非；"论"，判断。

9 流弊：互相沿用而成的弊端。

[译文]

什么叫作是善、非善？

鲁国法律规定，若有人出钱去赎回在战争中被敌国掳去做奴婢的百姓，使他们重新获得自由，政府都依例给一笔钱，作为奖励。

孔子的学生子贡，赎了这些奴婢，却不接受政府的奖金，孔子听了很生气地说："子贡做错了！圣人行事，能够移风易俗，作为大众的规范，以教导百姓，而不应单单图自己快意。现今鲁国富人少而穷人多，子贡的作为等于是告诉大众：

接受政府的奖金是贪财，所以他不愿意接受。这样一来，大家都怕担贪财的恶名，怎么会去赎人呢？自今以后，不会再有人去诸侯那里赎人了。"

孔子的学生子路，从水中把人救起来，此人送头牛给他表示感谢，子路收下了。孔子听后高兴地说："今后鲁国勇于救人出水的人会越来越多了！"因为子路同送牛之人树立了好的榜样：一个勇于救难，一个厚于报德。这样，就会形成好的社会风气。以世俗的眼光来看，子贡不接受奖金是好的，子路接受牛是不好的，但是孔子却赞扬子路而批评子贡。这说明圣人的看法往往不同于世俗，我们应当效法圣人，才会上合天心。于是就知道：人行善，不是看现前，而是看是否有流弊；不是看一时，而是看久远；不是看一人，而是看天下。

现在看来虽然是善事，但它流传开来就足以害人，则似善而实际非善；现在看来虽然是不善，但它流传开来就足以济人，则看来非善而实际是善。然而这里仅就"非善之善"一桩事来议论，其他如非义之义，非礼之礼，非信之信，非慈之慈，都应当分辨选择。

［命运第 78 道］别自以为是，善的含金量要看对众人和大局的影响。

了凡先生提出了"是善"和"非善"的概念。

我们平时也常常会说或者听到别人说"大是大非"，如何区分大是大非呢？说得简单一点，就是用大局来衡量。有利于大局的"善"，就是"是善"；不利于大局的"善"，就是"非善"。

于是，行善这个主题，就有了一个超出行善者个体感知的一个大环境的标准。

如果我们行善时，是有利于集体、社会、国家和民族的，甚至是有利于人类的，就是"是善"；有利于这些大环境正能量弘扬、人心向着美好处进化的行善或者行动，就是"是善"。否则，只在乎自己的感觉，但却对大局不利的，就是"非善"。

"是善"与"非善"，拷问的是行善的大局观、大势观！

行善偏正之别

何谓偏[1]、正？

昔吕文懿公[2]初辞相位归故里，海内[3]仰之如泰山北斗[4]。

有一乡人，醉而詈之，吕公不动[5]，谓其仆曰："醉者勿与较也。"闭门谢[6]之。逾年[7]，其人犯死刑入狱，吕公始悔之，曰："使当时稍与计较，送公家责治，可以小惩而大戒。吾当时只欲存心于厚，不谓养成其恶，以至于此！"此以善心而行恶事者也。

又有以恶心而行善事者。如某家大富，值岁荒，穷民白昼抢粟于市。告之县，县不理，穷民愈肆，遂私执[8]而困辱之，众始定。不然，几乱矣。

故善者为正，恶者为偏，人皆知之。其以善心而行恶事者，正中偏也；以恶心而行善事者，偏中正也，不可不知也。

[**注释**]

1 偏：歪。

2 吕文懿公：吕原，号逢源，明朝宰相，死后皇帝赐赠"文懿"，所以后人称他吕文懿，"公"是尊称。

3 海内：四海之内，指全国。

4 仰之如泰山北斗：极为敬仰，如众山之仰泰山，群星之拱北斗。

5 不动：不为谩骂所动。

6 谢：辞，这里是"不理睬他"的意思。

7 逾年：过了一年。

8 执：捕捉。

[**译文**]

什么叫作偏、正？

从前吕文懿公刚辞去宰相回到家乡，全国极为敬仰。

乡里有一人喝醉了酒，到吕公宅前大骂，吕公并不生气，而对仆人说："喝醉酒的人，不要与他计较。"于是就关上门躲开他。

过了一年，此人犯死罪入狱，吕公方才懊悔，说："假使当时我稍为与他计较，把他送进衙门惩治一下，就可以通过这小的惩治，而大大地警诫他一番；但当时我只想存心仁厚，放他过去，却不料助长了他嚣张作恶的气焰，以至于最后犯了死罪！"这就是以善心而行恶事的例子。

又有以恶心而行善事的。例如荒年时，有一大富人家看见穷百姓，光天化日之下在街上抢粮食。他告到县上，县官怕事不理，一群歹人就愈加放肆。于是这大富人家就私下派人把抢粮食的人抓了关起来，并出他们的丑，那些歹人才安定下来，否则市面就要乱了。

所以，善的是正，恶的是偏，这一点大家都知道。那些以善心而行恶事的，如前面所说的吕公，是正中的偏；以恶心而行善事的，如前面所说的大富人家，是偏中的正。这一点，大家不可以不知道啊！

［命运第 79 道］方式方法的价值，取决于达成的结果，结果会给人判分！

关于"行善八别"的话题，已经说到了第五个：行善之偏正。

也许，我们都会有一种很明确的感觉：行善，绝对没有我们平时想得那么简单，里面需要仔细参悟和把握的细节，往往决定了行善最终的本质定性。

在行善之偏正的问题上，引出了一个有趣的话题："以善心而做了恶事或以恶心而做了善事"，这个问题的本质是什么呢？

把话说完整了，把其中的逻辑分解，再链接，上面两句话可以改写成这样：

第一，以自己主观的善心愿望行善，却做出了引发或者激发行善对象变恶的结果。以"变恶的结果"作为标准，这就是典型的"偏善"。何处偏了？在别人那里的结果走偏了，走向了恶。这就是行善者主观愿望上的"善"，连着的是行善对象结果上的"恶"，这就是"偏"，是正中的偏，是"正中走偏"，简称"偏善"。

第二，以自己主观的恶心恶愿作恶，却做出了引发或者激发作恶对象变善的结果。以"变善的结果"作为标准，这就是典型的"正善"。何处正了？在对方那里的结果走正了，走向了善。这就是行善者主观愿望上的"恶"，连着的是行善对象结果上的"善"，这就是"正"，是偏中的正，是"偏中走正"，简称"正善"。

行善半满之别

何谓半、满？

《易》曰："善不积，不足以成名；恶不积，不足以灭身。"《书》曰："商罪贯盈[1]。"如贮物于器，勤而积之，则满；懈而不积，则不满。此一说也。

昔有某氏女入寺，欲施而无财，止有钱二文，捐而与之，主席者[2]亲为忏悔。及后入宫富贵，携数千金入寺舍之，主僧惟令其徒回向而已。因问曰："吾前施钱二文，师亲为忏悔；今施数千金，而师不回向，何也？"曰："前者物虽薄，而施心甚真，非老僧亲忏，不足报德；今物虽厚，而施心不若前日之切，令人代忏足矣。"此千金为半，而二文为满也。

钟离[3]授丹于吕祖[4]，点铁为金，可以济世。

吕问曰："终变否？"

曰："五百年后，当复本质。"

吕曰："如此则害五百年后人矣，吾不愿为也。"

曰："修仙要积三千功行，汝此一言，三千功行已满矣。"此又一说也。

又，为善而心不著善，则随所成就，皆得圆满；心著于善，虽终身勤励，止于半善而已。譬如以财济人，内不见己，外不见人，中不见所施之物，是谓三轮体空[5]，是谓一心清净，则斗粟可以种无涯之福，一文可以消千劫之罪。倘此心未忘，虽黄金万镒[6]，福不满也。此又一说也。

［注释］

1 商罪贯盈：出自《尚书·泰誓上》："商罪贯盈，天命诛之。"商朝的罪恶，已经到达最大限度了，上天下命令消灭它。贯盈，以绳穿物叫作"贯"，穿满一串叫作"贯盈"，亦称"满贯"，意指到达极限了。后来用"恶贯满盈"来形容做坏事的人，一件一件地做，穿满一串恶报就现前了。

2 主席者：即主僧，主事的和尚。

3 钟离：汉朝人，后来成仙。

4 吕祖：即吕洞宾，唐朝人，是道教的一位祖师。这是说，做善事是自己的本分，心量要大，要"做而不做"，即做了如同没有做过，心中不留丝毫痕迹，这样行善就是满善，福报很大。

5 三轮体空："三轮"是指施者、受者与所施之物；布施之后此三轮不存于心，叫作"三轮体空"。

6 镒：古代的重量单位，二十两为一镒。

［译文］

什么叫作半善、满善？

《易经》说："善不积累，不足以成名；恶不积累，不足以遭杀身之祸。"《书经》说："商朝的罪恶，一件一件地积累，已经满了。"积善也像是把东西放进容器，勤快不断地放，很快就放满了；要是懈怠不积累，就不会满。这是关于半善、满善的一种说法。

从前有一女子到了佛寺，想施舍，但是没有太多的钱财，就把身上仅有的两文钱拿出来供养，殊不知，主事的和尚亲自来为她忏悔业障。后来她入宫富贵了，就带上几千两银子到这佛寺供养，而主事的和尚只是叫徒弟为她回向而已。这位女子大惑不解，因而问道："我前次只捐了两文钱，您就亲自为我忏悔；现在我捐了几千两银子，而您却不为我回向。这是为什么呢？"主事的和尚回答说："前次你捐的钱虽然很少，但是你的心非常真诚，我如果不亲自为你忏悔，就不足以报答你的功德；现在你捐的钱虽然很多，但是心没有前次真诚，我叫人代为忏悔，就足够了。"所以，心不真诚，千金也只有半善；心真诚，两文钱也是满善。

钟离把仙丹授予吕祖，可以点铁为金，用来救助世间。

吕祖问道："这金子是铁变的，最终还会不会变？"

钟离回答说："五百年后，当复原成铁。"

吕祖说："我能点铁为金，倒是很了不起，也可以帮助很多人，但是却害苦了五百年之后的人，我不愿意干。"

钟离说："修仙要积三千件善行，但是你这一句话，就使这三千件善行已经积满了。"这是关于半善、满善的又一种说法。

此外，行善而不把做了的善事放在心上，那么所做的善事无论大小，都是满善；如果把做了的善事放在心上，虽然一辈子勤勉地做，也只能达到半善而已。譬如以财物去帮助人，内不见自己，外不见受者，中间不见所施送的财物，这就是三轮体空，这就是一心清净。这样做，一斗谷物就可以种无边无际的福，一文钱就可以消除千劫之罪。倘若心中还念记着我施送了财物给某人，我做了某件善事，虽然用了黄金万两，也仅仅只是半善，所种的福不满。这是关于半善、满善的又一种说法。

[命运第 80 道] 行善的行为与心灵的纯净程度决定了行善的价值。

了凡先生提出的"半善"和"满善"之说，实在是奇妙，其算账的方法有点出乎常人的想象：

第一种"半与满"之说：善恶，如同往一个容器中放东西，善连续地积，足以成名；善若不积，自然就不足以成名。恶连续地积，就会引来杀身之祸；恶若不积，也就不足以灭身。

第二种"半与满"之说：心不真诚，千金也只有半善；心真诚，两文钱也是满善。

第三种"半与满"之说：积善再多，有一念于人不利，也最多算是半善；面临极其诱人的选择关口，心中只有一念，就是利人，这就是满善。

第四种"半与满"之说：虽然一生勤勉地做善事，却总把善事放在心上，也就是总自以为做了善事，做得再多也是半善。如果不把多做善事放在心上，不管做的大小多少，也是满善。

中华文化中的善恶，真的不知有多少人全部掌握了、全部做到了！

这些行善的学问，若是缺了一项或者缺了几项，那岂不是再努力行善也只能事倍功半了！

行善大小之别

何谓大、小？

昔卫仲达为馆职[1]，被摄[2]至冥司[3]，主者[4]命吏呈善恶二录。

比[5]至，则恶录盈庭[6]，其善录一轴，仅如箸[7]而已。索秤称之，则盈庭者反轻，而如箸者反重。

仲达曰："某年未四十，安得过恶如是多乎？"

曰："一念不正即是，不待犯也。"

因问轴中所书何事，曰："朝廷尝[8]兴大工，修三山[9]石桥，君[10]上疏谏之，此疏稿也。"

仲达曰："某虽言，朝廷不从，于事无补，而能有如是之力？"曰："朝廷虽不从，君之一念，已在万民；向使[11]听从，善力更大矣。"

故志在天下国家，则善虽少而大；苟在一身[12]，虽多亦小。

[注释]

1 为馆职：在翰林院做官。

2 摄：拿，取。

3 冥司：阴间。

4 主者：主事的官员。

5 比：等到。

6 庭：厅堂。

7 箸：筷子。

8 尝：曾经。

9 三山：福建省的福建府。

10 君：您，尊称。

11 向使：如若。

12 一身：某一个人。

[译文]

什么叫作大善、小善？

从前，卫仲达在翰林院做官时，魂被勾摄到阴间，主事的官员吩咐书办，把他的善恶两种记录呈上来。等记录送到，恶录竟然摆满了大堂，而善录只有细细的一小卷，像根筷子。官员吩咐拿秤来称，摆满了大堂的恶录反而轻，那卷像筷子一样细的善录反而重。

仲达问道："我年纪未满四十，怎么恶录会有如此之多？"

官员回答道："一个念头不正就是过恶，并不等到你实际去犯。"仲达于是又问道："那一小卷写的是什么？"

官员说："皇上有一次要大兴工程，在福建府修建三山石桥，您怕劳民伤财，于是上奏章劝止，这就是您的奏章底稿。"

仲达说："我虽然上了奏章，但是朝廷并没有听从，于事无补，怎么能有这样大的善力？"

官员答道："朝廷虽然没有听从，但您的一念，已在万民；假若听从的话，善力就更大了。"

因此，所做的善事要是为了天下百姓和国家，即便事小，功德也会大；假如是为了个别的人，虽然事大，但功德小。

［命运第 81 道］一心为自己就是选择了做小人，个人利益难以实现！自己愿意奉献的人数和高度，就是自己命运的尺度！

了凡先生的讲理写作手法，确实很有趣，阳间阴间的笔法皆有啊！

　　一些朋友说起了凡先生的这种写作手法，显得颇为不适应，甚至还觉得了凡先生有点像是写鬼怪小说一样。

　　实际上，由于时代不同，人们对文化的表述方式也会有些差异。对于修行者来说，重在看其所要表达的意思。

　　了凡先生在阐释行善之大小之别这个话题时，使用了"阴间算账"的方法，所要告诉我们的关键信息是衡量行善之大小的标准问题。

　　通过学习了凡先生的上述思想，我们可以得到两点启示：

　　第一，善恶皆从一念起，只要起念，即使没有付出行动，善恶已经生了。

　　对个人善恶的计数已经开始。

　　第二，若是善恶之念涉及的人较少，影响较小，每一份善恶的分值也就偏低。故而，小恶总量多，但总分不一定高。小善总量多，但总分也不一定高。

　　第三，人这一生，即使小恶难以除尽，也要高度警惕，避免其连续积累，最终量变产生质变，导致大恶毁身的结局。人这一生，不要仅仅在小善上下功夫，而要提升自己的境界与能力，在面对涉及社会、国家和民族的大事时，敢于主持正义，敢于仗义执言，能够提出建设性的意见与方案。只要真诚用心，不夹杂私心，行善的分值也会很高。

　　当然，我们只要懂得了这些分值之类的算法就可以了。懂得了，就不要再去想，否则还是动了功利心。说来说去，就是一句话：但行好事，莫问积分！

行善难易之别

何谓难、易？

先儒谓克己[1]须从难克处克将去。夫子论为仁[2]，亦曰先难。必如江西舒翁[3]，舍二年仅得之束修[4]，代偿官银，而全人夫妇。与邯郸张翁，舍十年所积之钱，代完赎银，而活人妻子。皆所谓难舍处能舍也。

如镇江靳翁，虽年老无子，不忍[5]以幼女为妾，而还之邻，此难忍处能忍也。故天降之福亦厚。凡有财有势者，其立德[6]皆易，易而不为，是为自暴[7]。贫贱作福[8]皆难，难而能为，斯可贵耳。

[注释]

1 克己：克制自己的私欲，约束自己。

2 为仁：做到无私地爱人爱物。

3 舒翁：舒老先生。

4 束修：十条干肉，这是古代诸侯、大夫之间相互赠送的礼品，后指送给老师的酬金。

5 忍：克服私心。

6 立德：建立功德。

7 自暴：糟蹋自己。暴，糟蹋，损害。

8 作福：修福。修福的方法是行善；行善就像把福的种子，种到"福田"里，到时候就有福报，所以也叫作种福。

［译文］

什么叫作难、易？

从前先贤说，要克制自己的私欲，约束自己的行为，必须先从难克制、难约束之处下功夫，一直克制、约束下去。孔子在论说仁德时，也说必须先从难做处下手。一定要像江西省的舒老先生那样。他在外地教书，回家的旅途中见一妇人哀啼，因其夫欠官银，被逼卖妻，他就把两年来辛辛苦苦挣得的薪水，全部拿出来代为偿还，使这对夫妇不被拆散。也一定要像邯郸县的张翁那样。他用一个坛子存钱，十年才积满。有邻人卖妻赎罪，而三个孩子都还年幼，张翁担心她走后，这三个孩子不能养活，这妇人也难活下去，就把十年来所积蓄的钱全都拿出来，代邻人缴赎银，救活了母子四人。这都是所说的难舍处能舍啊！

又如镇江府的靳翁，年五十无子，他的妻子卖掉首饰，买了邻人的女儿给他做妾，希望为他生个儿子。靳翁回家发现此事，不忍心娶这样年轻的女子，就立即送还邻居。这是难忍处能忍啊！由于他们都是"难舍处能舍，难忍处能忍"，所以上天降给他们的福也非常之厚。一切有财有势的人要建功立德，处处都是很容易的，容易而不去做，那是糟蹋自己；贫贱的人要行善修福，处处都是很难的，难办而能够去做，这就非常可贵了。

[命运第82道]行善须从难处做，动心之处方是大福地！

人生什么最难啊？"一个人做一件好事并不难，难的是一辈子做好事，不做坏事。"

人世间什么最难舍啊？金钱难舍，敢舍的，都能改命；感情难舍，该舍就舍，如此才有未来；仇恨难舍，留着只是自我折磨，舍掉吧，自己做自己的解放者；生命难舍，和平时起，珍惜生命。

人间什么最难做呀？好人难做；无私难做；完全干净的心难做；舍出自己也很需要的利益去帮助陌生人难做；被人伤害了还要反省自己、感谢别人，难做；一再受委屈，甚至受侮辱，还要保持平静，难做；不具备条件但又必须实现和完成，难做！事情太多，找不到帮手，难做；好朋友做生意，能让友情不断加深，难做；亲密的关系，保持长久恒温，难做；已经积恶太多，回头难做；长期习惯了某种生活或者环境，突然之间改变，难做；到了不适宜的区域生活，难做；到了老年需要人照顾时，身边没有亲人，难做。

但是，人若是要修行改命，就要从难处做起。唯有具有对集体、社会、国家有重大价值的难事，才需要英雄出场。

容易做的，就当成生活和消遣吧。唯有难做的，又具有重大价值的，一般人做不到的，对于改造命运的推动力才是巨大的。

行善十纲

随缘济众，其类至繁。约言其纲，大约有十：第一，与人为善；第二，爱敬存心；第三，成人之美；第四，劝人为善；第五，救人危急；第六，兴建大利；第七，舍财作福；第八，护持正法；第九，敬重尊长；第十，爱惜物命。

[译文]

行善是依随机缘救济众人，因而它的种类非常繁多。归纳起来，大约有十条：第一，与人为善；第二，爱敬存心；第三，成人之美；第四，劝人为善；第五，救人危急；第六，兴建大利；第七，舍财作福；第八，护持正法；第九，敬重尊长；第十，爱惜物命。

与人为善

何谓与人为善[1]？

昔舜在雷泽[2]，见渔者，皆取深潭厚泽，而老弱则渔于急流浅滩之中，恻然[3]哀之，往而渔焉。见争者，皆匿[4]其过而不谈；见有让者，则揄扬[5]而取法[6]之。期[7]年，皆以深潭厚泽相让矣。

夫以舜之明哲[8]，岂不能出一言教众人哉？乃不以言教，而以身转之，此良工[9]苦心也！

吾辈处末世[10]，勿以己之长而盖人[11]；勿以己之善[12]而形人[13]；勿以己之多能而困人[14]。收敛才智，若无若虚，见人过失，且涵容[15]而掩覆之，一则令其可改，一则令其有所顾忌而不敢纵。

见人有微长可取、小善可录[16]，翻然[17]舍己而从之，且为艳称[18]而广述之。凡日用间[19]，发一言，行一事，全不为自己起念，全是为物立则[20]。此大人[21]天下为公之度[22]也。

[注释]

1　与人为善：出自《孟子·公孙丑上》："取诸人以为善，是与人为善者也，故君子莫大乎与人为善。"其原意是：与人们一道做好事，以身教来树立良好的道德风气；后来用作善意待人的意思。

2　雷泽：在今山东省濮州县东南。

3　恻然：心中不忍。

4　匿：隐藏。

5　揄（yú）扬：称赞。

6　取法：效法。

7　期（jī）：一整年。

8　明哲：英明智慧。

9　良工：技艺高超的工匠，泛指在某一领域中非常高明的人。

10　末世：衰亡的时代。

11　盖人：遮盖、压倒别人。

12　善：这里是"做得很好"的意思。

13　形人：对比之下使人难堪，使人相形见绌。

14　困人：凸显得别人笨拙无能。

15　涵容：包涵容忍。

16　录：采取，任用。

17　翻然：幡然，完完全全地。

18　艳称：非常称赞。

19　日用间：平常时候。

20　为物立则：给大众树立榜样。

21　大人：古代对德高的人的称呼。

22 度：人的心量。

[译文]

什么叫作与人为善？

从前，舜在雷泽湖边，看见年轻力壮的捕鱼人，占取了鱼藏丰富的深潭回流之处，而老人、弱者就只好在急流浅滩处捕鱼，当然捕不到什么鱼。舜心中不忍，哀怜这些老弱之人，于是他也去捕鱼。舜看见争夺位置的人，对他们的过失避而不谈；看见有谦让的人，就到处赞扬他们，效法他们。一年之后，大家都互相谦让那深潭汇流之处了。

要是以舜的英明智慧，岂不能够讲一番道理来教育大家？他之所以不用言教，而以身教来潜移默化人心风气，这正是良工巨匠经营的苦心啊！

我们生活的时代，做人不容易，要多多体谅别人，不要以自己的长处来遮盖、压制别人；不要以自己的高明来使人相形见绌；不要以自己的多能来凸显别人笨拙无能。

要把自己的才智收敛起来，做到朴实无华。

看见别人有过失，姑且包涵容忍，替他遮掩。一则让他有机会改正自己的错误，一则使他有所顾忌，不至于破罐子破摔，更加放纵自己。

看见别人有细微的长处可取，小小的善行值得学习，就要把自己不及他的地方，完完全全地舍弃掉，认真地效法他，并且不断地称赞，广为宣扬。

在平常时候，所发的一言，所行的一事，全不为自己着想，都是为了给大众树立榜样。

这就是道德高尚的人，以天下为大家公有的宏大心量。

［命运第 83 道］好人之所以干坏事，是因为不懂得如何把事干好！

与人为善，这种说法我们听得很多。将与人为善作为为人的一个基本原则，我们也是认同的。可是，现实中遇到一些不良的情况又怎么能不去干预呢？

遇到那些为人处事不善的人，难道不去指责或者纠正他们吗？就当看不见？就做老好人吗？圣人们有什么更高明的方法吗？

总听说要宽容、包容和体谅别人，难道见到问题就要绕着走吗？回避问题能够解决问题吗？

以上这两个问题可谓是困在许多人心中的两个心结。也正是因为有这样两个心结，才导致我们在日常生活和工作中常犯的、重复了无数次的并让问题不断得到强化的两个经典错误：

第一个错误：遇到为人处事不善的人，要教育和纠正他们。可在现实中，教育了无数次，也纠正了无数次，好像问题很难从根子上解决。

第二个错误：遇到问题要敢于斗争，不能做老好人。可在现实中，批评了，甚至也处罚了，怎么问题还是不断地出现呢？

其实是因为我们还有一个没开窍的地方在作怪。佛家也有句名言："痛苦即菩提。"你疑惑的地方，就是你离着开窍最近的地方。

以上两个经典问题的背后，隐藏着教育人和管理人的四个基本的原理。由于想去教育人和管理人的人，不懂得这四个基本的原理，所以才导致上面的错误。

第一个原理：所有要做的一切都是为了促进人的成长。生活和工作中的一切都只是道具，是要借着做事来完成自己的成长，这才是核心的目的。任何人，包括领导者与管理者在内，无论是生活还是工作，重点或者首要的不是做事，而是将做事作为一个形式、道具或者载体，帮助人们学会如何做人，让自己每做一件事就能成长一次。如果做事中总是出现问题，那就一定是做人出了问题。所谓做人出了问题，就是自己的成长出现了停滞。

如果以为人们都懂得如何做人做事，那就大错特错了。家庭也好，组织也罢，实际上都是一个育人机构。无论是对于当事人个体来说，还是对管理者与领导人来说，借着做事来促进大家的成长，以个人成长作为核心目标，这才是正确的选择。

尽管我们也会尽量去筛选出合适的人，但对于每个人来说，只要加入一个新的组织，都需要重新学习和适应，并尽快成为新组织这部机器的合格的零部件，并为整机做出贡献。

当然，任何一个新的组织都需要有关于这个组织作为一部整机及其零部件的详细的技术标准。这个标准中，就必然包括如何做人做事，而不能仅仅是做事的标准。同时，要有强有力的机构来对大家进行相关的培训，留给大家一个合适的适应期，然后再纳入考核。唯有如此，才能有效地促进每一个个体向着标准的适应和成长。

第二个原理：最好的教育就是榜样的力量。毫无疑问，标准有了，培训有了，技术操作又是什么样的呢？做出来是什么样的？做错了又是什么样的？引发的后果是什么样的？在人的成长过程中，这样的很具体的示范是极其重要的。那些笼统的原则性的教育，若是没有这些技术性的示范与操练，最终只能成为正确的废话。

实际上，这就涉及我们自己的成长。如果我们自以为是地以为现在的自己就是代表着正确，就是高端，而别人的状态简直就如同白痴和小人，那这种自恋的、自大的状态本身就是可笑的！最起码，当我们要对孩子或者部下进行教育时，我们在教育方面到底掌握了人类哪些专业智慧？如果我们将自己在草原森林中的野蛮做法当成最高、最智慧的教法，那我们就太可笑了！

在了凡先生引用的事例中，历史上的舜，就没有指责和纠正那些在捕鱼中争位置的人，而是自己做了一个示范：舜看见争夺位置的人，对他们的过失避而不谈；看见有谦让的人，就到处赞扬他们，效法他们。一年之后，大家都互相谦让那深潭汇流之处了。

可见，舜能够成为历史上的圣君，很重要的一点就是他能够摸准人心的门道，没有使用更多的言语，尤其是对有过失的人避而不谈，但对懂得谦让的人却到处表扬，新的局面就出现了。我们可以将其称为"舜操作"！

在现实中，许多的父母对孩子、上级对下级，都是与"舜操作"恰恰相反的：遇到有过失的人，就开始指责或者怒骂，对做对的人却又轻描淡写。

"舜操作"的妙处在哪里呢？为何我们大部分人都做错了呢？这就涉及我们要说的"第三原理"。

第三个原理：从每个人都体验过的人心规律上说，我们都想把事情做好，因为做好是符合我们自身利益的。可是，我们每个人都没有办法把事情做得全好。于是，就生出了每个人心中的"四大渴望"：一是希望把事情做好。二是希望避免把事情做坏。三是因为不小心或者没有能力把事情做好，希望得到指导和帮助。四是自己做对了的，也希望得到确认、肯定和鼓励。我们大家都可以想一下，自己的心中是不是一直有这样四个渴望？！关键是，我们的这些渴望得到满足了吗？

这"四个渴望"，给我们展示了人心的一个规律：前两个渴望是正常人心底的声音！后两个渴望就是面对别人时的"善教之法"：直接无视众人的错误，直奔优点和美好而去，并且给优点美好肯定、确认。

如此这般，人心中的善恶两种力量就会发生奇迹般的变化：被激发的善的力量会迅速增长，因而会提升智慧，提升人格品质，振奋积极的心理状态。而那个直接被无视的过失，就像是一个做了亏心事的小贼一样心虚，没被指责但也在瑟瑟发抖，自动萎缩。只要按这个趋势进行下去，持续提升、持续自我突破，人心力量就会发生翻天覆地的变化。自然，命运的内在动力与未来的前景就会改变！

第四个原理：问题的恶化，就是对无知无能的父母与领导的惩罚。当我们不明上述的人心原理，做的却是违背人心规律的事情时，我们就会看到各式各样的过失不断发生。

这就有了第四个原理：当人心中的善的能量得不到激发，恶的能量不断受到刺激时，就会变成这样一个局面：父母或者领导，不懂人心规律，简单粗暴指责和训斥，激发了恶的力量，没有提升善的力量，于是恶就在对方的心里形成了主导性的力量。而我们看到的不堪局面，实际上就是那些被激发的恶的力量的"报复"：让问题变着花样地发生，让问题变得日益恶化，以此来惩罚无知无能的父母和领导。

上述四大人心原理，可以概括为四句话：

第一，改心。不要把别人当成工具，不要把孩子当成无知，要提振自己的责任，要优先成长自己才能带领他人。不能把自己做事的方式直接变成强硬的、粗暴的要求，因为这样不能促进人的成长。没有自己的优先成长，就没有对别人有效的带动和引领！

第二，慎言。不要喋喋不休地说教，要耐心地去做标准示范。

第三，直奔。无视你看到的别人的过失，直奔他的优点去给予赞美、肯定和鼓励，顺便往前给接续一段，让他看到可以做得更好的样子。

第四，醒悟。不要因为问题频发和不断恶化而继续自己的错误，要看清那些问题就是对自己无知无能的惩罚。唯一的出路就是把自己这个问题的根源加以改变，按照圣贤教化去与人心规律配合。社会将会出现意想不到的美好景象。

由此看来，"与人为善"不仅仅是自己的一种主观愿望，更应该是符合对方人心规律的一种智慧方法。

爱敬存心

何谓爱敬存心？

君子与小人，就形迹观，常易相混，惟一点存心处，则善恶悬绝，判然如黑白之相反。故曰："君子所以异于人者，以其存心也。"君子所存之心，只是爱人、敬人之心。

盖人有亲疏贵贱，有智愚贤不肖[1]，万品[2]不齐，皆吾同胞，皆吾一体，孰非当敬爱者？

爱敬众人，即是爱敬圣贤；能通众人之志，即是通圣贤之志。

何者？圣贤之志，本欲斯[3]世斯人，各得其所。吾合[4]爱合敬，而安一世之人，即是为圣贤而安之也。

[注释]

1 不肖：不贤。

2 品：种类。

3 斯：这，这个。

4 合：应该。

[译文]

什么叫作爱敬存心？

君子与小人，就外表、作为来看，常常容易混淆，但是他们的存心截然不同，君子存心善，小人存心恶，就像白与黑，完全相反。

因此说："君子之所以不同于常人，只是在于存心不同。"君子所存的心，只是爱人、敬人之心。因为，人有亲疏贵贱，有智有愚，有贤有劣，形形色色各不相同，但他们都是我的同胞，与我一体，哪一个不应当受我敬爱呢？

爱敬众人，就是爱敬圣贤，能懂得众人的愿望，就是懂得圣贤的愿望。

为什么呢？因为圣贤的愿望，本来就是要使这世上所有的人，都各得其所。我爱世人、敬世人，使世上所有的人都各得其所，这就是实现圣贤的大志啊。

［命运第 84 道］爱别人、敬别人吗？你会成为值得爱和尊敬的人！

为了方便把"爱敬存心"这个话题说得更加明白，我们就以提几个问题的方式来展开。

第一问：为何要从心开始？

第一，因为心才是人的本质。

第二，因为心决定着我们的行为和结果。

第三，因为心会决定我们看到的和我们所遇到的。

这就是"爱敬存心"这个主题中隐含着的第一个原理——心源原理。即一切源于心！一切由心所决定！一切都是心的展示！

第二问：为何人会分成君子与小人？

第一，因为心的不同。

第二，因为心的动力与方向不同。

第三，因为心所决定的思维语言和作为及其结果不同。

这就是"爱敬存心"这个主题中隐含着的第二个原理——成人原理。即你的心里装着的内容，决定着你成为什么样的人！成为什么样的人，就会有什么样的命！

第三问：爱敬别人只是一种礼貌吗？

第一，爱敬别人首先是一种礼貌，是与别人建立第一个友好的界面。我们都有过这样的体会：那些恨别人或者不尊敬别人的人，很难与别人建立友善和谐的关系。没有了与周围人友善和谐的关系，人的内心就会变得孤立和孤独。时间久了，就会影响自己的生活和事业的进展，还会影响自己的身心健康。

第二，爱敬别人不仅仅是一种礼貌，更是一个正常人的正常之心的本色。

想想看，若是不爱敬别人，走向反面又会是什么样呢？

不爱别人，那就是对别人冷漠、无视、不友善，甚至是仇恨。看看那些对别人表现出这种态度的人，有几个好命的呢？这背后的原因就是一个人心中没有足够强大的爱的能量，如同一块儿没有被烤热的石头，只剩下冰冷。关键是：人是生命，人生面对的更多的也是生命，一个人如果对他人没有热情和友善，通常也会被对方视为不友好，于是很容易形成对立。人总是一副冷面孔，往往都是"命不好"的一个典型标志。

不尊敬别人，那就会怠慢别人、会在别人面前傲慢、会让人感觉没有教养，也会被一些修养不高的人所敌视，若有冲突还会被人从心里诅咒。

这就是"爱敬存心"这个主题中隐含着的第三个原理——往返原理。俗话说：爱出者爱返，福往者福来。当然，一切都是来回往返的，你遇到的都是你曾经送出去的，你收获的不管好坏，也都是你前期播种了的。

第四问：好像人生命运的好坏就是与很多人的关系好坏？

古人曾经说过这样一些思想：别以为镜子里的你就是你的真身，那只是你的影像！

每个人来到世上，都在寻找自己生命丢失的部分，所遇的人都是你生命中的一部分。在你所遇的人中，你若是排斥和嫌弃，就意味着你拒绝了自己生命的某一部分，也许是一块皮肤，也许是开启灵魂中一个灵窍的那把钥匙。总之，你排斥和厌恶得多，你的生命完整性就差！

马克思曾经说过：在现实性上，人是一切社会关系的总和。你遇到的人、和他们的关系是友善还是敌对的性质与双方信任、相助和友善的程度，决定着你的人生本质，自然也会决定你的命运！

人生经历丰富的人往往会说：你的人生成就的一多半，应该归功于你的对手、你所遭遇的困难以及你在奋斗中所遭遇的所有你不喜欢的人和事。

如此看来，"爱敬存心"这个主题背后还隐含着第四个原理——组合原理。即一切的美德，都在告诉我们如何为自己组装一个美丽的生命和美好的人生。

成人之美

何谓成人之美？

玉之在石，抵掷[1]则瓦砾[2]，追琢[3]则圭璋[4]。

故凡见人行一善事，或其人志可取而资可进，皆须诱掖[5]而成就之。或为之奖借[6]，或为之维持，或为白其诬而分其谤，务使之成立而后已。

大抵人各恶其非类，乡人[7]之善者少，不善者多，善人在俗，亦难自立。

且豪杰铮铮[8]，不甚修形迹[9]，多易指摘，故善事常易败，而善人常得谤，惟仁人长者，匡[10]直而辅翼[11]之，其功德最宏。

[**注释**]

1 抵掷：拒绝不要而扔掉。

2 砾：碎石。

3 追琢：寻求到而加以琢磨。

4 圭璋：贵重的玉器。圭，古代帝王、诸侯在行典礼时，手上拿的玉器。璋，玉器，形状像半个圭。

5 掖：扶持，提拔。

6 奖借：即奖掖，赞许提拔。

7 乡人：泛指一个地方的人。

8 铮铮：耿直，不同凡响。

9 不甚修形迹：不注意小节。

10 匡：纠正。

11 辅翼：辅佐协助。

[译文]

什么叫作成人之美？

玉在石头里还没有开取出来的时候，要是扔掉，它就同破瓦碎石一样毫无价值，如果发现它，并且开取出来加以琢磨，就会成为名贵的珍宝。

因此，凡是见人行一善事，或者那人的志向可取而且资质可培养，都应当教导提携，使他成就。或者对他赞许提拔，或者对他加以扶持，或者辩白他所受的污蔑冤枉，分担他所遭遇的诽谤攻击，务必使他成就之后，方才罢手。

通常，人都恶恨与他不同类的人。一个地方的人，总是善的人少而不善的人多，所以善人在世俗的人群当中，就很难立脚。

况且才智杰出的人，往往性情耿直，不拘小节，就更容易招来非议、指摘。所以善事常易失败，而善人常易受到诽谤，只有靠仁人长者，来纠正这些歪风邪气，辅佐协助善人以成就善事，这样做的功德最为宏大。

［命运第 85 道］你为别人增光添彩，却照亮了你未来人生的路！

孔圣人在《论语》中说："君子成人之美，不成人之恶。小人反是。"这说的是："君子成全别人的好事，而不促成别人的坏事。小人则与此相反。"

"成人之美"不是单纯帮助别人达成愿望，而是帮助别人达成美好善良的愿望。如果帮别人干坏事，目的实现了，那也不叫成人之美，而是"助纣为虐"。因此，所谓"君子成人之美"，就是指有德行的人，总是想着让别人好，尽力为别人创造条件，成全别人的好事。这种"助人达成善良愿望"的思想，体现了君子成人之美的高尚情怀。这种助人达成美好愿望的情怀，不但给人带来情感上的慰藉，还能给人以生活或事业上的帮助，在帮助别人的同时也是自己行善积德。

我国著名的社会学家费孝通老先生，曾在他 80 寿辰聚会上，意味深长地讲了一句 16 字箴言："各美其美，美人之美，美美与共，天下大同。"

以上的思想为我们展示了"成人之美"的三大原理。

第一，自美原理。此处所说之"美"，不仅仅是我们平常所说的外表之美，因为一个人外表之美的价值由心灵之美决定。中国文化经典《易经》乾卦中说："君子以自强不息"，如果一个人放弃了灵魂的自强，又有什么样的力量能够让自己生命不息呢？用一句我们所熟悉的话来说：如果我们心中没有美或者没有足够美的能量，又如何让我们能够有一个美丽的生命呢？中国文化中有句名言叫"相由心生"，一个人的相貌会随着人灵魂中美的力量的变化而变化。这也算是美容的一个秘诀吧：重在自己的心灵之美，用心灵之美来支撑和决定人身体和相貌之美。现实中浮躁的人总是过分地或者一味地在意自己的外在之美，而忽视了外在之美由心灵之美决定的这样一个规律。

第二，美人原理。此处的"美人"，指用自己心灵中每个能量去帮助别人，去成就别人，去美化别人的人生，去成就别人美好的命运。

很显然，"成人之美"的第二原理美人原理，是建立在第一原理自美原理之上的。当一个人具备了巨大的美好的心理能量时，才能够去成人之美。又因为能够成就别人之美，还能够创造出双方关系的和谐之美，共享之美。相反，当一个人美好的心理能量贫乏时，非但不会成人之美，还会成人之恶，这就让自己沦为了小人。我们看到或者遇到的那些嫉妒别人的人，非但不会成人之美，还会因为心里的羡慕嫉妒恨，总是用邪恶的目光盯着别人的瑕疵，总是用阴毒的心去放大别人的缺点。这样做的小人，把自己心灵的丑陋展露在别人面前，往往还会给别人带去伤害，当然也不会赢得别人的尊重。于是就会把相互的关系搞坏，这样的坏能量一方面会在人间传播，让更多的人知道他内心的丑陋。另一方面，还会沉淀在自己心里变成让自己心灵更加丑陋的能量。这样的能量沉积到一定的程度，就会表现在自己的相貌上，还会体现在自己的身体健康上。当然，更会波及自己的生活和事业中。

"成人之美"不仅仅是顺从别人的愿望，而且还是要朝有利于对方向着美的方向的发展与成长。若只是一味地顺从，让对方变得越来越坏，那就是阴毒之心了，是邪恶与无知的一种表现。

当然，如果你还记得我们在谈论"爱敬存心"这个主题时所揭示的第四个原理——组合原理，那么，你就会知道，"美人原理"，实际上也是"自美原理"的一部分，是自美能力的一个重要方面：自美，方能自美美人；能够美人，又能够让自己更美！

第三，异美原理。哲人曾经说过：真正的美，只有高尚的灵魂才配享用它。

高尚的灵魂，一个重要的标志，就是能够欣赏各种不同的美的能力。若是一个人只喜欢自己所欣赏的那种美而厌恶其他美的形式，其灵魂中展露出的就是狭隘与无知。比如一个爱惜干净、长相端庄并打扮入时的人，若是嫌弃那些贫困但质朴的人，其心灵肯定是丑陋的。一个只是一味地沉迷于自己的那种美丽而找不到别人的美丽并能予以欣赏的人，要么就是智商太低，要么就是狭隘。这样的人，会被他嫌弃的人喜欢吗？也许，在背后人们会感叹：可惜了那张漂亮的脸！是啊，漂亮的脸蛋儿背后却时时露出丑陋的灵魂，这种搭配确实有点浪费了。由此可见，一个人灵魂美丽的程度，可能就是他能够发现并欣赏的其他美的形式的数量和种类。

劝人为善

何谓劝人为善？

生为人类，孰无良心？世路[1]役役[2]，最易没溺。凡与人相处，当方便[3]提撕[4]，开其迷惑。

譬犹长夜大梦，而令之一觉；譬犹久陷烦恼，而拔之清凉。为惠[5]最溥[6]。

韩愈[7]云："一时劝人以口，百世劝人以书。"较之与人为善，虽有形迹，然对证发药，时有奇效，不可废也。

失言失人，当反吾智。

［注释］

1 世路：人生的道路。

2 役役：劳苦征逐。

3 方便：因人因时制宜，采用不同的方法。

4 提撕：拉。

5 惠：好处。

6 溥：广大。

7 韩愈：唐代大文学家、大思想家。

［译文］

什么叫作劝人为善？

我们生为人，谁没有良心？但是各自都在人生的道路上，为名为利劳苦征逐，因此最易沉溺堕落。凡是与人相处，都应当因时制宜，采用不同的方法来开导他人，帮助他人，使其觉悟而向善、行善。

就像在长夜梦魇中，叫醒他人；就像从烟熏火燎的烦恼苦境中，把他人解救出来，使之身心清凉。这样做，给他人的利益最为巨大。

韩愈说："一时劝人以口，百世劝人以书。"这是以善言、善书来"劝人为善"，它同前面讲的"与人为善"比较起来，虽然有劝的形迹，但是对症下药，常有奇效，所以也不可废弃。

"与人为善"和"劝人为善"，亦即身教和言教这两种方式，究竟是采用哪种好，这要根据具体的情况具体分析。对于口劝没有效果的人，我们去劝他，那是失言；对于口劝有效果的人，而我们不去劝他，那是失人。

失言或失人，都是不明智的，我们应当反省。

［命运第86道］你用真心和钱财救助过的人，都是来救助你灵魂的人！

很多人感叹在现代化的社会发展中，我们见到了太多的恶，人类也失去了太多的平静，人做人至今也缺少了太多的温情。以至于很多人在内心都无法说服自己：看起来物质生活条件改善了很多，可精神生活似乎并没有得到多少提高，相反还增加了更多新的苦恼。关键是物质生活可以让人高兴一时，可精神的困苦却会长久折磨着人的心灵。

我们一起来回答一下当代人生中的这样一些基本问题吧：

第一，什么人会干伤害自己的蠢事？在过去，人们一定会说，只有傻瓜才会干伤害自己的蠢事。在现代，伤害自己最多的却是那些所谓的聪明人。难道是在现代化过程中又诞生了一批聪明的傻瓜吗？他们想利己，想对自己好，最终却伤害了自己的利益，也伤害了自己获得未来利益的资格与机会。

若是我们能够用圣贤的智慧，帮助那些伤害自己的聪明人认识到自己的愚蠢，让他们认识到唯有一心向善，才能耕种出自己的福田，则善莫大焉！

　　第二，什么人你永远叫不醒他？这是当代一个比较流行的问题，答案当然也是流行版的：你永远叫不醒一个装睡的人。关键是为什么他要装睡？答案也很简单，是他们堕落进了黑暗，即使睁着眼睛也找不到光明。人们可能会问他们为什么堕落进了黑暗？因为他们在行动之前没有得到圣贤智慧的指引，却用自己动物本能级的认知去追逐外在的名利，一旦得手，又进一步加剧外在名利或者权力与内在道德之间的落差，从而让他们睁着眼睛走向黑暗的深渊。

　　若是我们还能够用"亡羊补牢"的思维，在人们付出了沉重代价时唤醒他，引领他去认知"内在决定外在""道德功夫决定外在智慧""超越名利回归质朴定位奉献方能功成名就和幸福平安"，善莫大焉！

　　第三，什么地方精神病人最多？这是一个精神病院的院长，在与朋友聊天的时候提出的问题。周围的几个朋友，首先是表情愕然。紧接着，一位智者好像脑洞大开一样说出了一句让众人惊愕片刻但又随之默默点头的话：精神病院之外，精神病人最多。

　　这实在是一个并不好笑的问题，要笑也是让人苦笑的问题。我们的现代教育远比过去发达，掌握了很多知识的人要远远超过历史上的过去。可为何很多人精神上却出现了问题？有人会说诱惑太多，这指的是一个外部的因素。也有人说，是很多人把欲望的追求误当成了对理想的追求。还有人说，是人们追求太多，但唯独忘记了自己，让自己的成长变成了人生中的盲端。甚至有人嬉笑着说，对于现代人来说，自己的精神人生变成了自己肉体的阑尾。还有人说，当代人的精神疾病实际上背后有更深层的原因，表现出来的只是精神的症状，疾病的本质却是"灵魂病"。

实际上，之所以出现如此花样百出的乱象，很重要的一个原因，是这样的人没有接收到高维能量的指引与滋养。若是能够用圣贤智慧把这些人的心智轨道与精神方向调整过来，也许就能治愈现代人的精神异常，或者说让灵魂重新归位，结束灵魂的漂泊与流浪。善莫大焉！

第四，非暴力犯罪中什么人十恶不赦？中国人常说这样一句话：不怕没好事，就怕没好人。那些看起来站在你的立场上，去挑拨、去拱火，让你渐渐失去理智思考，最终做出不理性行为的人。虽然不是直接作恶者，但也是十恶不赦，其心可诛。

那些数典忘祖，卖身投靠，出卖人格，却沉迷于自己所获得的一点名利的人，伤害了国家和民族的感情与利益，其罪当诛，其罪属十恶不赦。

面对着弱小的孩子，忽视或无能承担自己的责任，反而实施语言和其他的暴力，让幼小的心灵受到极大的伤害。严重的甚至让孩子失去了活着的空间。这样的父母、这样的老师，也属十恶不赦之人！

毫无疑问，劝人向善是一个人的人性底线。这也是长者对晚辈、上级对下级的基本责任。

毫无疑问，能够劝人向善者，也是对自己心中能够坚守善的原则与方向的一种证明。若问世间何者功德最大？劝人向善，胜过一切名利所得！

救人危急

何谓救人危急？

患难颠沛[1]，人所时有，偶一遇之，当如痈瘝[2]之在身，速为解救。或以一言伸其屈抑，或以多方济其颠连[3]。

崔子曰："惠不在大，赴人之急可也。"盖仁人之言哉！

［注释］

1 颠沛：困顿，陷入困境。

2 痈瘝（tōng guān）：疮溃烂，痛苦难当。

3 颠连：不幸之遭遇相继而至。

［译文］

什么叫作救人危急？

患难困顿，每个人时不时都会遭遇到，一旦看见别人在患难困顿之中，就应当像自己身受其苦，赶快解救。或是辩白他所受的冤屈压迫，或是想方设法救他出困境。

崔先生说："给人的好处并不在乎要多大，只要别人急需就赶快给。"这真是充满爱心的人所说的话啊！

［命运第 87 道］人生路上的光明，都是被你救助的人点燃的生命！

若是有人问人类社会最珍贵的是什么？不同的人当然会有不同的答案。但会有很多人选择这样一个答案：温情！

人生几十年，又有谁不会遇到一些困难吗？若是众人都在旁观，就犹如一群灵魂已死的人，正在冷漠地看着一个在困苦中挣扎的人。当一个社会出现了太多这种灵魂死亡的人，这个社会就会变得很冷漠。冷漠的人多了，社会中的人生就会变得很艰难，因为在人遇到困难的时候，没有人伸手相助。

对人性最大的考验会是什么呢？就是你是否会用自己的钱财和连带的风险去帮助一个不可能回报你的陌生人。尤其是"碰瓷儿"都成了一种"生意模式"时，一方面，"碰瓷儿"的人堕落成了会算计的畜生。另一方面，也让那些道德能力薄弱的人感到了灵魂的战栗。也许这只是某个时期的一种暂时的现象，但愿人类能够尽早地恢复自己人性的温情。

救人时可以先谈好回报条件吗？当这个问题提出来的时候，也许我们自己都会觉得可笑。既然是救人，怎么可以先谈好回报的条件呢？这有点像是做生意，而且是趁人危难之际榨取别人的利益。很显然，这是极其不厚道的表现。如果是别人生意遇到了困难向你借钱，并承诺你高利息的回报，此时我们该不该借钱救他呢？实际上，这样的事儿首先是生意，其次是情谊。算不算是救人呢？那要看你是否真的有能力救他。如果他表面上是缺钱，实际上是缺德和缺少能力，甚至他还向你隐瞒了他困难的严重程度，此时很显然就变成了一个"坑"，你非但填不满这个坑，还有可能把自己拖进坑里。如果你掌握了这些情况，心中就要清楚：帮不了就不要帮，能帮既需要情意，更需要能力。不帮，也不算是失了本分。因为，在生意场上的规则就是这样的。

怎么才算是帮人帮到底呢？当然是帮出了最终的效果，或者为最终的效果做出了决定性的贡献。若是别人苦苦相求，我们的能力又有限，该怎么办呢？当然不能硬撑着，就直言相告，以免耽误别人向其他人求助的机会。

帮人若是帮出毛病了呢？那就是你不会帮人。如果别人找你借钱是为了吸毒，如果别人向你借刀是为了杀人。你不明缘由竟然帮了他，就有帮凶的嫌疑。若是你越帮他，他对你的依赖性越大，胃口也越来越大。若是停止下来就会结仇，好像你帮他什么都是应该，一旦不帮了就是罪过。这也是你不懂得帮人的学问，在帮人中不仅助纣为虐，而且还把自己拖下了水。

　　救人危难会有多大的功德呢？说起来人间最大的功德，莫过于救人一命或者救人于危难，力挽狂澜于既倒，扶之大厦于将倾。一些善良而智慧通达的人明白了人生的这样一个道理，于是就投资办学开启众人心智，建立养老院让老人有所养，收留孤儿让孩子重新有个家，帮助有问题的孩子恢复正常，协助破碎的家庭重归于好，让受伤而破碎的心重新恢复人生的信心，留下善书启迪无数人的良心与善良，等等。说起来，能够救人脱离危难，就是世上所有职业中、所有工作中功德最大的善行！

　　收养流浪的动物有功德吗？给动物放生能积累功德吗？养宠物也会积功德吗？这三个问题涉及收养、放生、养宠物，都反映出了一种对生命的情怀。只是要注意方法：收养流浪的动物，需要付出很多的时间、精力和财物，在这些方面你若是没有困难，当然也算是对生命的一种慈悲的情怀。但同时应该知道，不要将对动物的情怀优先于对人的慈悲，也就是说，一方面收养动物，另一方面却对人不善，尽管动物在很多时候比人可爱甚至更值得爱，但你的慈悲还是会大打折扣！给动物放生的问题，也要看具体情况，若是一心表现自己的慈悲同时还暗含着自己的个人利益诉求，放生了动物却唯独不放过自己，也不放过身边的人，却又去苛求自己福气和美好，这就有点算错账了！不要把什么都跟功德扯在一起，否则，就是一种痴迷了！

若是一不小心救助了坏人，怎么办？既然有此特殊的机缘，那就劝他向善，劝他悔过赎罪。只要你一次次努力了、掏尽心窝子般地尽心了，他如何选择与你并无多大关系，不用有太多的道德负担。

成功地救助了别人，可不可以收别人的礼物？象征性的小礼物是可以收的，但极其贵重的就不可以收，因为那样做像是一种交易。来日方长，大家做个朋友，也许是最好的选择。

由此来看，如果在医院里医生救治危难的病人是一种道义、责任和专业技术的话，那在社会中的救人，也真的是人生中的一门很特殊的学问，而且应该是人人都要掌握的学问和技术。

兴建大利

何谓兴建大利？

小而一乡之内，大而一邑之中，凡有利益，最宜兴建。或开渠导水，或筑堤防患；或修桥梁，以便行旅；或施茶饭，以济饥渴。

随缘劝导，协力兴修，勿避嫌疑，勿辞劳怨。

[译文]

什么叫作兴建大利？

　　小而一乡之内，大而一县之中，凡对大众有利益，就最宜兴建。或开渠灌溉，导水防涝，筑堤防洪；或修架桥梁，方便行旅；或布施茶饭，济人饥渴。

　　只要一有机会，就根据情况劝导大家，协力兴修，自己更要不避嫌疑，不辞辛苦，任劳任怨。

[命运第88道]你的人生舞台面积，取决于你帮过多少人。

　　中国人，是个善良的民族，也是个吃苦耐劳的民族，更是个智慧的民族。这些说法，我们平时已经听得很多了，但又有几人去细想过其中的奥妙呢？

　　善良的中国人，总是为别人着想，见到弱小困苦之人，总想着去帮助他们，甚至是无偿地帮助他们。从古至今，在道德主流中的中国人就是这么想的、这么做的！

　　实际上，善良、吃苦耐劳和智慧这些品质都是连成一体的文明与智慧逻辑。

　　对人善良，就是对自己善良！帮助别人，就是帮助自己！用善良和帮助去对待别人，去对待很多人，就会组装出越来越强大的自己，甚至最后成为世界上的"超人"！这样的由善良启动、驱动和支撑的，又由吃苦耐劳、自强不息的精神做保障的，最终一定会产生出任何算计都达不到的智慧高度的成就的思想链条，又怎是那些算计眼前的人能够洞察和理解的呢？

也许，精明与智慧的一个本质区别就在于：精明为自己算计，智慧为别人合计；精明盘点的是个人的短期收益，智慧计算的是与众人的全面长期收益。

舍财作福

何谓舍财作福？

释门[1]万行[2]，以布施[3]为先。

所谓布施者，只是"舍"之一字耳。

达者[4]，内舍六根[5]，外舍六尘[6]，一切所有，无不舍者。

苟非能然，先从财上布施。

世人以衣食为命，故财为最重。吾从而舍之，内以破吾之悭[7]，外以济人之急。始而勉强，终则泰然。最可以荡涤私情，祛[8]除执吝[9]。

[注释]

1 释门：佛门。

2 万行：一切行为、修行。万，形容数量之多，有涵盖一切的意思。行，行为，修行。

3 布施：无偿地施与，拿自己的所有来帮助救济他人。

4 达者：真正明白通达的人。

5 六根：眼、耳、鼻、舌、身、意。

6 六尘：色、声、香、味、触、法。

7 悭（qiān）：吝啬。

8 祛：除去，驱逐。

9 执吝：执着于"我"而产生的贪吝。

［译文］

什么叫作舍财作福？

佛门中，一切行为、修行，都是以布施为第一。

所谓"布施"，其实质只是一个"舍"字而已。

真正明白通达的人，内舍眼、耳、鼻、舌、身、意，不去攀缘；外舍色、声、香、味、触、法，不受诱惑；一切所有，全都舍弃。

如果我们还不能够做到"内舍六根，外舍六尘，一切所有，无不舍者"，就要先从财物上的布施开始。

世上的人都靠衣食为生，所以钱财最为重要。而我却舍弃世人看得最重的钱财，内用来破除我的悭吝，外用来济人危急。起初有些勉强，以后就会泰然。这样做，最能够洗涤私欲积垢，最能够除掉执着于"我"而产生的贪吝恶习。

［命运第 89 道］ 舍出去的就是增值的，窝在手里的多是贬值的。

说起"舍得文化"，很多人还是很熟悉的。

只是，"舍得"二字又被一些精明算计的人给俗化了。听听那些把文化变成俗化观念的人是怎么说的吧：舍得舍得，不舍不得，少舍少得，多舍多得。

也许，有的人会说这话说得没毛病啊？试想一下，如果你的对面有人要舍一些东西给你，但却是为了从你这儿得到他想要的，你心里边会是什么感觉？

实际上，"舍得"文化是一种非常微妙的智慧。

微妙之一：俗人皆想得，你敢舍，就是出类拔萃，就是不俗之人！说明你的灵魂已经站在众俗之上，甚至具备了俯视的高度。

微妙之二：俗人即使偶尔去舍，心中也在想着"借舍而得"。而你却一心在"舍"，不生"得"之二念，谓之不二。这是神圣之人的心智状态，是在打开众人的心灵频道，是在跟众人的心灵对话。

微妙之三：一心舍，无二得。这是近乎农家的智慧：留下最好的做种子，而不是吃掉。将种子在合适的季节播种到地里，顺从种子成长的时间线，绝不去翻看，也绝不拔苗助长，过程中用心地呵护，一切等到成熟的时候，自然就有了收获。

微妙之四：完成了一个从播种到收获的过程，然后还要去养护土地，绝不是一味地去向大地索取。如此，可以长久。

人生最大的智慧就在人与自然的和谐关系中，而不是在自私的状态下去杀鸡取卵，或者开汽车没油时还再使劲踩油门；人生如同开车一样，忙碌起来只知用车而不知保养；或者为了追求速度，即使刹车不灵也敢高速行驶。

让我们回到常识，让我们回到质朴，让我们回到田野，让我们体验耕种，用纯心的舍去赎回我们出卖给名利的灵魂，这样也许才能治好我们的心智异常和精神的障碍！

护持正法

何谓护持正法[1]？

法者，万世生灵之眼目也。

不有正法，何以参赞天地？何以裁成万物？何以脱尘离缚？何以经世、出世？

故凡见圣贤庙貌，经书典籍，皆当敬重而修饬[2]之。至于举扬正法，上报佛恩，尤当勉励。

［注释］

1 正法：真正的道。

2 饬（chì）：整理。

［译文］

什么叫作护持正法？

正法，即真正的道，它是万世生灵的眼目，使其能够看见正确的生命之路。

没有正法，怎么能够参与赞划天地的化育？怎么能够安排取舍万物？怎么能够摆脱物欲破除烦恼？怎么能够治理天下？又怎么能够觉悟而超越尘世？

因此，凡是见到圣贤的庙、堂、画、像，经书典籍，都应当敬重而修复整理。至于弘扬正法，上报佛等圣贤的教化深恩，尤其应当加以勉励。

［命运第 90 道］你正在亲近和维护什么，那就是命运的照片！

看到"护持正法"这样的字眼，很多人自然联想到了宗教。说到宗教，又自然联想到了寺庙道观里迷惘的众生。对于这一类现象，学习科学的很多现代人似乎是很不屑一顾的，甚至可能嗤之以鼻。

我们国家的"儒释道"三家思想，道家老子李耳，大约比孔子年长二十岁，也被孔子尊为师长。老子为后人、为世界提供了一部五千言的《道德经》，受到世界的推崇，流传两千多年而历久弥新，帮助无数的人提升了智慧。儒家以孔孟为代表，主张"仁义"思想，为中国人的世俗道德奠定了坚实的人文根基。释家以放弃了王子身份和荣华富贵的皇宫生活，毅然决然地投入到为万民寻找解脱痛苦的方法的智途中，通过苦修和静思，觉悟了生命和人生智慧，为很多人找到了一条人生的光明大道。

有人把他们这些投身救民于水火的圣人称为教主，也有人利用他们的思想与名号去做些别的事情，这都是后人干的，又与这几位祖师和圣人何干？

倒是那些利用圣人的身份，却忘记了救民于水火使命的人，需要反省自己的作为！

其次，那些因为后世之人的胡乱之为而远离了这些圣人思想和引领的人们，也需要重新思考：为何看到圣人被人利用甚至糟蹋而不顾？为何因为别人的错误而远离或者排斥圣人的思想？为何一听到佛道之类的语言就心生疏离之心？我们看到上级的职务与头衔顿生敬意，难道见到代表圣人觉悟的境界如"悟道成道""脱俗成佛"就浑身生出凉意吗？也许，历史的传承才是真正的人生教科书，因为那是被历史证明的！也许，当我们因为误解而继续思考时，就不可能找到正确的答案。也许，当一些优秀的人远离圣贤思想时，也就注定了圣贤思想的停滞甚至被扭曲！这是自洁？还是丢弃？也许，当我们不了解、不参悟、不纠偏，而站在一旁冷眼旁观时，或者发出一些不着调的议论时，就会隐隐约约看到一双冷视你的眼睛……

我们每个人不仅仅要爱国，更要保护自己国家的领土，保护自己的国家的文化，维护自己的祖宗和他们伟大的思想，因为这是我们的精神国土！

当外部敌人和内部败类不遗余力地诋毁我们的文化道统时，当许许多多的人羡慕和仰慕中华文化的优秀和美妙时，我们作为炎黄子孙和龙的传人，就不仅仅是用一种情怀去保护我们的精神国土，而是继承和发展，并将其转化成为我们的软实力，把我们自己做成中华文化的楷模。如此，才能不负祖先的智慧，才能得到历世检验过的文明的滋养，才能成为从里到外真正的炎黄子孙！

守土有责，丧宗可耻！这是否应该成为每一个中国人的立场呢？为个人名利奔忙的许多现代人，早已经忘记了"护持正法"的这种伟大的人格。

几乎在每年的春节联欢会上，我们都能看到那样一种感人的镜头：在遥远的边疆边境，在极度严寒和空气稀薄的地方，有一群年轻的士兵，他们在护卫着我们的国界。在那个时刻，我们能够感觉到护持国家的人是高尚而伟大的人。

在历史上我们也知道很多满怀正义感的人，他们用自己的生命护持着心中的正义，他们是我们民族伟大精神的护法使者，每每想起他们的事迹，就会让我们心中充满敬意。

我们的民族能够走到今天，而且能够国运昌盛，当然是因为我们的民族有一批护持真理的人。他们为了护持真理，牺牲了自己安逸的生活，甚至牺牲了自己的很多亲人。他们为护持真理而牺牲、而献身的伟大精神感动了无数人。

当然，在不同的时期，总有一些人为了护持自己的那一点私利而玩尽心机，最终被钉在历史的耻辱柱上。

当然我们也经常能够遇到一些冥顽不化的人，他们护持着自己那并不是真理的观点和偏见，让自己深陷愚昧的泥潭。最终，他们不仅让自己的生命停止了进化，还会使自己的负能量波及周围很多人。

护持，一个人正在护持什么，这也许就是他命运中一个最隐蔽的秘密。

敬重尊长

何谓敬重尊长?

家之父兄，国之君长[1]，与凡年高、德高、位高、识高者，皆当加意奉事[2]。

在家而奉侍父母，使[3]深爱婉容[4]，柔声下气，习以成性，便是和气格天[5]之本。

出而事君，行一事，毋谓君不知而自恣[6]也；刑一人，毋谓君不知而作威也。

事君如天，古人格论，此等处最关阴德。

试看忠孝之家，子孙未有不绵远[7]而昌盛者，切须慎之。

[注释]

1 君长：君王、长官。

2 奉事：恭敬地侍奉。

3 使：要有。

4 婉容：和顺的面容。

5 格天：感动天心。

6 恣（zì）：放纵。

7 绵远：久远不断。

[译文]

什么叫作敬重尊长？

我们对于家中的父亲、兄长，国里的君王、官长，以及所有年岁高、道德高、职位高、见识高的人，都应当格外留心，恭敬地侍奉。

在家奉侍父母，要有深爱的心及和顺的面容，柔声下气，久了习惯成自然，这便是和气而感动天心的根本。

出外施政，每做一件事情，不要以为君王不知道，就骄横放纵；每审讯一个犯人，不要以为君王不知道，就作威作福。

事奉君王如事奉上天，这是古人的格言，一定要恭敬虔诚，不能有丝毫的欺瞒放肆，这种地方关系阴德最大。

试看忠孝之家，他们的子孙都久远不断，繁多而且兴旺发达。所以，一定要小心谨慎地做到尽忠尽孝。

[命运第91道]改命就是让人性摆脱兽性，走向神圣性！

说起感悟，人生恐怕就离不开对人性的认识。

在这些年的修行生活当中，曾经听一些修行了几十年的人谈到了人生的几种人性的状态。这几种状态既可能是现实中某些人的一种现实状态，也可能是一个人在人性进化过程中的一个中间过渡性暂时状态。

动物级状态：没开化的人，长着人样，心中装的却是兽性。表现出的是不懂人理，张嘴就胡说。不说人话，说话就伤人。也不会干人事，干事儿就害人。

初始人状态：状态不太稳定，时好时坏，状态好的时候，懂人理，说人话，干人事。状态不好的时候，就可能像发了疯一样。

聪明人状态：这种人看起来聪明伶俐，那也是处处为自己算计。对你好时，一定是有事求你。亲近你时，一定是你有利用的价值。尊敬你时，一定是觉得惹不起你。当你遇到困难时，一定是嘲讽你。当你落难时，一定是往死里踩你。当然，当一个人这样做人做事时，其聪明劲儿就会被别人看穿，自然也就算不上是聪明了。

作死人状态：说话就拉仇恨，交友就变仇人，自夸就被鄙视，自私积累罪证，疯狂糟蹋身体，犯浑丧失道德，错误总是别人，自己总是正确，空闲总是无聊，堕落却没羞耻。

分裂人状态：当面客气恭维，背后讽刺诋毁，公开倡导正义，私下自私龌龊，说话傲慢官腔，心中顽固自恋，拒绝学习提高，总是自视清高，说话头头是道，做事处处砸锅。

神圣人状态：恭敬尊长弱小，时刻小心心贼，有过当即就改，见贤躬身学习，遇难伸手帮人，扎实追求理想，自我时刻自律，犹如神明考试。

据说一个觉醒了的人，就是他的精神苏醒了的人。他的精神就如一道光，引领他人向着光明前进，也犹如一双审视的眼睛，时刻审视着自己心中的念头和言行。他的心中有着至高的目标，脚下有着扎实的行动，只帮人不责人，只省己不怨天。

也许，很多忙碌的人，之所以时常处在迷茫和失魂落魄的状态，就是一直在消耗自己的生命，而忘记了帮助自己的生命成长。就是一直把外在的名利当成自己的人生目标，唯独没有把自己的成长当成核心目标。

一个躁动的时代，会有很多人处于失魂状态，他们把灵魂出卖给了物质，哪里还会顾得上尊敬父母、爱惜自己的亲人、珍惜自己的朋友、善待每一个相遇的有缘人呢？当一个人连对自己好都做不到时，就可能丧失对他人的大部分美德。不是他不想做，而是没有能力做，因为一个在沼泽中挣扎和沉沦的人，又怎么可能伸手去拯救别人呢？！

据说，对别人真正的善，都是自己心中富裕出来的善！

据说，对别人的恶，也是心中多余的恶溢出来的部分！

爱惜物命

何谓爱惜物命？

凡人之所以为人者，惟此恻隐[1]之心而已；求仁者求此，积德者积此。

《周礼》："孟春[2]之月，牺牲[3]毋用牝[4]"，《孟子》谓"君子远庖厨[5]"，所以全吾恻隐之心也。

故前辈有四不食之戒，谓：闻杀不食[6]、见杀不食、自养者不食、专为我杀者不食。

学者未能断肉，且当从此戒之。渐渐增进，慈心愈长，不特杀生当戒，蠢动[7]、含灵[8]，皆为物命。

求丝煮茧，锄地杀虫，念衣食之由来，皆杀彼以自活，故暴殄[9]之孽，当与杀生等。

至于手所误伤，足所误践者，不知其几，皆当委曲[10]防之。

古诗云："爱鼠常留饭，怜蛾不点灯。"[11]何其仁也！

善行无穷，不能殚[12]述；由此十事，而推广之，则万德可备矣！

［注释］

1 恻隐：哀怜他人、它物的不幸。

2 孟春：春季的第一个月，即阴历的正月。

3 牺牲：做祭品用的牲畜。

4 牝（pìn）：雌性的鸟兽。

5 庖厨：厨房。

6 闻杀不食：听见杀声，不食其肉。

7 蠢动：蠕动，骚动；这里指小虫子。

8 含灵：人类。

9 暴殄（tiǎn）：任意糟蹋东西。

10 委曲：曲意求全。

11 爱鼠常留饭，怜蛾不点灯：出自宋代苏轼《次韵定慧钦长老见寄八首·其一》，意思是担心家里的老鼠没有东西吃，时常为它们留一点饭菜。夜里不点灯，是为了爱惜飞蛾的生命。

12 殚（dān）：尽。

[**译文**]

什么叫作爱惜物命?

从根本上讲，人之所以为人，只不过是有一颗恻隐之心，能够哀怜他人、它物的不幸。求仁的，就是求此恻隐之心；积德的，也是积此恻隐之心。

《周礼》上说："正月祭祀，不要用雌性的牲畜"，因为这个时候它们常常怀有胎儿，《孟子》说："君子要远离厨房，以免听到宰杀声。"《周礼》和《孟子》之所以这样说，就是要保全我们的恻隐之心啊。

因此前辈有"四不食"的禁戒：闻杀不食、见杀不食、自养的不食、专为我杀的不食。

为了得到丝绸，煮死了许许多多的蚕蛹；为了耕种庄稼，杀死了许许多多的虫蚁和蚯蚓。应当想到衣食的由来，都是残杀这些生命来养活我们自己，所以任意糟蹋东西的罪孽，是与杀生吃肉等同的。

我们身为后辈，即便不能做到完全不吃肉，也应该像前辈那样从"四不食"开始，培养我们的慈悲心。随着慈悲心渐渐增长，就会认识到：不仅杀生吃肉应当禁戒，就连小虫子也绝对不可以伤害，它们同我们人类一样，都是有呼吸、有生命的。

至于手所误伤、脚所误踏而死去的生命，真不知道有多少，我们都应当想方设法地加以避免。

古诗里说道："爱惜老鼠怕它饿着，经常留些饭菜在角落里；可怜飞蛾怕它去扑火，所以夜间都不点灯。"这是多么有爱心啊！

善行种类无穷之多，不能一一备述，但是做到了这十类善事，再推而广之，则所有的德行都可以具备了。

[评注]

在了凡先生那个时代，孝养父母乃是天经地义。家庭教育，学校教育，书籍戏曲，社会风俗，乃至国家法令，无不讲孝，皇帝更是"以孝治天下"。所以在本书中，了凡先生略而未谈。但是，对现代人来说，孝的教育十分缺乏，望读者多加留意：百善孝为先。修善，首先一条就是：孝养父母。古人云："孝者，百行之首，万善之源。"所以，欲积善，孝为先。孝养父母，这是做人的根本。父母生我养我，恩深如海，德高似山；父母待我，无微不至，不倦不怨；父母爱我，海枯石烂，至死不变。我们养儿育女，也是如此。要是期望子女将来怎样对待我们，现在我们就要怎样对待父母。常言道："屋檐水，点点滴，一丝不差。"更何况，"孝养父母"这一条做不到，义理之身无从塑起，改造命运也就变成了空中楼阁。"树欲静而风不止，子欲养而亲不在。"这是千古悲歌，我们要珍惜现在还有的机会。

[命运第92道]心中那块柔软的地方，就是命运中的福田！

儒家亚圣孟子说："恻隐之心，人皆有之。"（出自《孟子·告子上》）"恻隐之心，仁之端也。"（《孟子·公孙丑上》）

孟子曰："恻隐之心，人皆有之；羞恶之心，人皆有之；恭敬之心，人皆有之；是非之心，人皆有之。恻隐之心，仁也；羞恶之心，义也；恭敬之心，礼也；是非之心，智也。仁义礼智，非由外铄我也，我固有之也，弗思耳矣。"

在"爱惜物命"这一主题中，了凡先生专门强调了儒家一直倡导的人类基本德性"四端"（恻隐之心，仁也；羞恶之心，义也；恭敬之心，礼也；是非之心，智也。）中的"恻隐之心"，而且重点是从"爱惜物命"为着力点。

人类有个很久远的共识：万物有灵，人为万物之灵！

我们很多人都看过野兽的凶残，面无表情地撕扯着、吞食着猎物的血肉。人类呢？走过了茹毛饮血的野蛮时代，学会了用火烧煮烹炸。

现代人不可能人人去过那种修士的生活，但古人所说的"四不食"似乎也可以做一些借鉴。

记得一位朋友曾经说过他小时候的经历：他看过一次宰杀牛羊的现场，看到了牛羊死前的那种绝望与哀鸣，以及现场的血腥。从此之后，他就不吃牛羊肉了。我想，他见到那个场面时，肯定是人性中的那种根本性的力量突然被触动了。

这让我又想起了历史上一个著名的典故，就是"孟母三迁"：孟子的母亲，世人称她孟母。在孟子小的时候，居住的地方离墓地很近，孟子学了些祭拜和哭嚎之类的事。他的母亲说："这个地方不适合孩子居住。"于是将家搬到集市旁，孟子就跟着商人学了些做买卖，观察屠夫屠牛杀羊之类的事。母亲又想："这个地方还是不适合孩子居住。"又将家搬到学宫旁边。孟子学会了在朝廷上鞠躬行礼及进退的礼节。孟母说："这才是孩子居住的地方。"于是，就在这里定居下来了。

也许，现代人做不到像古代圣人教育我们的那些做法，但也不能断了对其他生命的"恻隐之心"，否则，就可能让我们的心走向残忍。

善待别人，就是善待自己；善待万物，就是善待自己的灵魂。唯有善待自己和万物者，才可以真正地改命！

当然，如果你经常放生，那也请你顺便放过自己；如果你真懂放生，那也请你放过你身边的人；如果你真想重生，那也请你放掉过去的怨恨；如果你能够新生，那就请你不要再指责和伤害别人；如果你渴望长生，那就请你务必处处勇敢改过和笃定行善。

第四篇　谦德之效

［本篇提要］

谦则纳福，使立命开花结果。

谦德护命，可让新命能长存。

身边五例

　　《易》曰："天道亏盈[1]而益谦[2]，地道变盈而流谦，鬼神害盈而福谦，人道恶盈而好谦。"是故谦之一卦[3]，六爻[4]皆吉。

　　《书》曰："满招损，谦受益。"

　　予屡同诸公应试，每见寒士[5]将达，必有一段谦光可掬[6]。

[**注释**]

　1 盈：骄满。

　2 谦：谦虚。

　3 谦之一卦：谦卦是《易经》第十五卦，由八卦里坤、艮两卦叠成。坤为地，艮为山，谦卦艮下坤上，为地下有山之象。

山处于地下，高大显示不出来，比喻人德行很高，但能自觉地不显扬。

4 爻：构成《易》卦的基本符号。

5 寒士：贫穷的读书人；这里指尚未取得功名的书生。

6 谦光可掬：形容脸上流露出来的谦虚的光彩是非常明显的，用两手都捧得起来。掬，用两手捧。

[译文]

《易经》说："天之道是亏损骄满的，而增益谦虚的；地之道是扣减骄满的，而添补谦虚的；鬼神之道是祸害骄满的，而降福给谦虚的；人之道是憎恶骄满的，而喜爱谦虚的。"由于谦虚至关紧要，所以在《易经》的六十四卦中，只有"谦"这一卦，六爻全都是吉，而其余的各卦里，都是有吉有凶。

《书经》也说："骄满招来亏损，谦虚受到增益。"

我屡次同许多人去赴考，每每看到将要考中而发达的读书人，脸上都一定焕发着谦虚的光彩。

[命运第 93 道] 好命运由心中美德生起，坏命运由心中垃圾造就！

从古至今，凡导致人生大亏损者，皆中了一个共同的魔咒："傲"和"满"！

中外古今，凡持续让人生增益者，皆因有一个共同的美德："谦"和"虚"！

恭敬谦畏

辛未[1]计偕[2]，我嘉善同袍[3]凡[4]十人，惟丁敬宇宾年最少，极其谦虚。

予告费锦坡曰："此兄今年必第。"费曰："何以见之？"

予曰："惟谦受福。兄看十人中，有恂恂[5]款款[6]，不敢先人，如敬宇者乎？有恭敬顺承，小心谦畏，如敬宇者乎？有受侮不答，闻谤不辩，如敬宇者乎？人能如此，即天地鬼神，犹将佑之，岂有不发者？"及开榜，丁果中式。

[注释]

1 辛未：公元 1571 年，了凡先生 36 岁。

2 计偕：各地举人进京会试。

3 同袍：出自《诗经·秦风·无衣》："岂曰无衣？与子同袍。"后用来指极有交情的友人；军界中人也常用此互称。这里指一同去投考进士的人。

4 凡：总共。

5 恂恂：信实。

6 款款：诚恳。

[译文]

辛未年，各地举人进京会试。考进士，我们嘉善县去应考的，总共十人，其中有一位姓丁，名宾，号敬宇的，最为年轻，而他极其谦虚。

于是我就告诉费锦坡："丁敬宇今年一定考中。"费锦坡说："何以见得？"

我回答道："只有谦虚才能受福。您看这十人当中，有哪一个能够像他那样，信实诚恳而不敢占人之先？有哪一个能够像他那样，恭敬顺受，小心谦畏？有哪一个能够像他那样，受侮不答，闻谤不辩？人能够这样，就连天地鬼神也会保佑他，岂有不发达的道理？"等到发榜，丁敬宇果然考中。

[命运第 94 道] 好命都是自己改过积善造出来的！

世上之人，有谁不想求个好命运？明白之人，有谁不懂得勤奋好学方能获得机会？学富五车，关键还要看自己命中有没有车可以承载。了凡先生践行亲证了命运之学，观人像也可知命运。

看那受福之像的人：信实诚恳，不占人先；恭敬顺受，小心谦畏；受侮不答，闻谤不辩！

平怀顺受

丁丑[1] 在京，与冯开之同处，见其虚己[2] 敛容[3]，大变其幼年之习。

李霁岩，直谅[4] 益友，时面攻其非，但见其平怀顺受，未尝有一言相[5] 报。

予告之曰："福有福始，祸有祸先，此心果谦，天必相之，兄今年决第矣。"已而[6] 果然。

[注释]

1 丁丑：公元 1577 年，了凡先生 42 岁。

2 虚己：虚心。

3 敛容：正容，表示肃敬。

4 谅：信实。据历史记载：冯开之在这次会试，考了第一名。

5 相：表示一方对另一方的动作。

6 已而：过了一些时间。

[译文]

丁丑年在京城，与冯开之同住一处，看见他虚怀若谷，容貌端庄，大大改变了年少时骄傲轻浮的陋习。

李霁岩是一位正直诚实而有益的朋友，常常当面指责他的过失，只见他安然顺受，从不辩解。

我告诉他说："一个人有福，一定有有福的苗头；一个人有祸，一定有有祸的征兆。只要内心谦虚恭敬，上天必定会给予帮助。您今年一定中进士。"不久果然考中。

[命运第95道]心中的肮脏，变成脸上的丑陋，内外相映!

观人气象，知人祸福。凡有福者，皆有福苗。将遭祸者，必显祸兆。虚怀若谷，大福之器。容貌端庄，天人之象。安然顺受，众福入命。逞口舌能，必败福缘。骄傲轻浮，自招祸端。

心服速改

赵裕峰光远，山东冠县人，童年举于乡，久不第。其父为嘉善三尹[1]，随之任，慕钱明吾，而执文见之。明吾悉抹其文，赵不惟不怒，且心服而速改焉。明年，遂登第。

[注释]

1 三尹：县的主簿；大尹是知县；二尹是县丞。

[译文]

赵裕峰，名光远，山东冠县人，不满二十岁时参加乡试，就考上了举人，但是很久以来却考不上进士。

父亲被派往嘉善县做主簿，他跟随上任。到了那里，由于非常仰慕钱明吾先生的学问，就拿了自己的文章去拜见钱先生。

殊不知钱先生提起笔来，边看边抹，把他的文章全都抹掉了，竟无一可取之处。赵裕峰不但不生气，而且打心眼里佩服钱先生才思敏捷，赶紧把文章全部重写。第二年，他就考中了进士。

[命运第 96 道]谦卑者可以纳福，傲慢者自招祸端！

谦卑纳福者，处处亲近德才高人；傲慢招祸者，处处沾染庸俗之辈；善接教化者，没有屈辱只有受益；命薄福浅者，逢人逞能遇挫疯狂。

气虚意下

壬辰岁[1]，予入觐[2]，晤[3]夏建所，见其人气虚意下，谦光逼人[4]。

归而告友人曰："凡天将发斯人也，未发其福，先发其慧。此慧一发，则浮者自实，肆者自敛。建所温良若此，天启之矣。"及开榜，果中式[5]。

［注释］

1 壬辰岁：公元 1592 年，了凡先生 57 岁。

2 入觐（jìn）：入朝进见天子。

3 晤：遇见。

4 谦光逼人：形容脸上谦虚的光彩极盛。

5 中式：考中进士。

［译文］

壬辰年，我进京觐见皇上，遇见夏建所，看见他虚心恭谨，脸上谦虚的光彩极盛。

回到家乡我就告诉朋友们说："凡是上天要让这个人发达，在受到福报之前，先开发他的智慧。智慧一发，就是浮滑的人也会变得稳重诚实，放肆的人也会变得端庄谦恭。夏建所温和善良到如此地步，一定是上天要让他发达了。"等到发榜，他果然考中进士。

［命运第 97 道］唯有谦恭的美德，才能让人有新生的希望！

受福者，必虚心恭谨，谦虚光彩极盛成光；受福者，必先开其智，浮滑转成稳重诚实；受福者，必降服傲心，端庄谦恭温和善良。

折节自持

江阴张畏岩，积学[1]工文[2]，有声艺林[3]。

甲午[4]南京乡试，寓一寺中。揭晓无名，大骂试官，以为眯[5]目。

时有一道者在旁微笑，张遽[6]移怒道者。

道者曰："相公[7]文必不佳。"

张益怒曰："汝不见我文，乌知不佳？"

道者[8]曰："闻作文贵心气和平。今听公骂詈，不平甚矣，文安得工？"

张不觉屈服，因就[9]而请教焉。

道者曰："中全要命，命不该中，文虽工，无益也。须自己做个转变。"

张曰："既是命，如何转变？"

道者曰："造命者天，立命者我。[10]力行善事，广积阴德，何福不可求哉？"

张曰："我贫士，何能为？"

道者曰："善事阴功，皆由心造，常存此心，功德无量。且如谦虚一节，并不费钱，你如何不自反而骂试官乎？"

张由此折节[11]自持[12]，善日加修，德日加厚。

丁酉[13]，梦至一高房，得试录[14]一册，中多缺行。

问旁人，曰："此今科试录。"

问："何多缺名？"

曰："科第阴间三年一考较，须积德无咎者，方有名。如前所缺，皆系旧该中式，因新有薄行[15]而去之者也。"

后指一行云："汝三年来，持身颇慎，或当补此，幸[16]自爱。"是科果中一百五名。

[**注释**]

1 积学：学识渊博。

2 工文：文章写得很好。

3 艺林：指学界，文人聚集之地。

4 甲午：公元 1594 年，了凡先生 59 岁。

5 眯：眼皮微微合拢，这里形容老眼昏花。

6 遽（jù）：就。

7 相公：古时候对上层社会年轻人的敬称。

8 道者：谓修行佛道者，后来指禅林之行者，或投佛寺求出家尚未得度者。

9 就：靠近。

10 造命者天，立命者我：创造命运的是老天，确立命运的是自己。上天是根据福善祸恶的原则，按照各人的善德恶行，对其命运加以安排，至于或行善或作恶，却是取决于各人，即如前面云谷禅师所说："天不过因材而笃，几曾加纤毫意思。"

11 折节：由高亢而降为谦抑。

12 自持：律己修身。

13 丁酉：公元 1597 年，了凡先生 62 岁。

14 试录：考试的录取名册。

15 薄行：品行不好。

16 幸：希望。

[译文]

江阴县（今江阴市）的张畏岩，学识渊博，文章做得好，在读书人中很有名气。

甲午年南京乡试考举人，他寄住在一寺庙中，发榜时榜上无名，盛怒之下大骂考官有眼无珠，分辨不出文章的好坏。

当时有一道者在旁微笑，张就把怒气转向道者。

道者说："相公的文章肯定做得不好。"

张更加发怒地说："你没看见我的文章，你怎么知道不好？"

道者说："我听人说，做文章贵在心气和平。现在听到您的怒骂，就知道您的心气极其不和平，文章怎么可能做得好呢？"

道者的话一针见血，张不觉为之折服，因而走上前去，恭敬地向他请教。

道者说："考中与否全要靠命；命不该中，文章虽然做得好，是没有用处的。您必须自己做个转变。"

张说："既然是命，又如何能够转变？"道者说："建造命运的是天，描绘命运图样的则是自己。您只要力行善事，广积阴德，所求之福即可自造？"

张说："可是我是个穷书生，又能够做什么呢？"

道者说："善事阴功，都是由心所造，您能够常存这个做善事修阴功的心，就功德无量了。况且，就如谦虚这一善行，并不花钱，你为什么不反省自己，却去骂考官？"

张从此痛改前非，律己修身，善一日一日地加修，德一日一日地加厚。

又过了三年，即丁酉年，做梦到了一座高大的房屋，看见一本名册，中间有许多缺行，就问旁边的人。那人回答说："这是今科考试的录取名册。"

张问："为什么缺了这么多名字？"那人回答说："阴间对考科第的人三年核查一次，必须积德而无恶行的人才会被录取。这本册子前面所缺的名字，都是原本该录取的，因为新近品行不端而被划掉。"

那人指着后面的一行说："你三年来，律己修身颇为谨慎，或者应当补这一个空缺，希望你自爱。"这科乡试，张果然中了第一百零五名。

［命运第 98 道］人生都是由残缺开始，一路就是自我完善！

自古红颜多薄命，灿烂一闪剩恋想。自古才子多轻狂，终落脸灰烂断肠。

类似这样的话，我们很多人都听说过很多次了。只是，不知你想过没有，这人到底是怎么了？怎么会是"红颜"与"薄命""只剩恋想"联系在一起，怎么会是"才子"与"轻狂""灰脸""断肠"成为人生路上的"指示牌"？

此处不论红颜之薄命，但说才子的人生流浪历程。

"有才"就要"轻狂"？自视清高，视人无物，唯我独尊？若是如此，岂不是一把柴火就烧了自己？还是那具皮囊容积太小，一点才华就撑破了自己？还是"才德"犹如"两条腿"，才高八斗，德如纸薄，于是看到一个单腿蹦跳的怪物？

历史上，多少才子在江湖流浪，最终命丧他乡！

了凡先生所说张姓才子，才不过三斗，竟然张狂可以指天！看不清自己的分量，却责难于别人，那份张狂，岂不是兽性发作？

幸得道人指点，激活"谦虚圣门"，方有了接志纳福之心量，才从那种张狂和责难的"拉仇恨""铸贱命"的泥潭中走出来。

积阴德，不需要财宝，不需要高智，只要待人谦虚、遇事自省，就可以开启人生光明大道！

若你有才，重在自知浅陋而未及巅峰。若你有才，重在补足"德腿"，莫单腿蹦跳！

人来世上，先天多是只能得单项天赋。人生在世，本质在于找到短处能及时补足！

人都是不完美的，人生就是从不完美走向完美。若是在不完美中自恋，必将沦陷！

受福之基

由此观之，举头三尺，决有神明；趋吉避凶，断然[1]由我。

须使我存心制行[2]，毫不得罪于天地鬼神，而虚心屈己[3]，使天地鬼神时时怜[4]我，方有受福之基。

彼气盈[5]者，必非远器[6]，纵发亦无受用。

稍有识见之士，必不忍自狭其量，而自拒其福也。

况谦则受教有地，而取善无穷，尤修业者所必不可少者也。

［注释］

1 断然：一定，绝对。

2 存心制行：存善心，约束自己的行为。

3　屈己：谦卑。

4　怜：爱也，惜也。

5　气盈：骄傲自满。

6　器：度量。

[译文]

由此可见，抬头三尺之上，就一定有神明，而趋吉避凶，绝对可以由自己做主。必须使自己常存善心，约束行为，丝毫不得罪天地鬼神；并且虚心谦卑，使天地鬼神时时爱怜我，这样才有受福的基础。

那些骄傲自满的人，必定没有远大的度量，纵然发达也得不到真实受用。

因此稍微有见识的人，一定不忍狭小自己的气量，而去拒绝福的来临。

况且谦恭则能受教于他人，兼收并蓄，无穷尽地吸取别人的长处，这尤其是修习学业的人，所必不可缺少的。

[命运第99道]人生若丢了心魂，就只剩下忙碌和挣扎！

了凡先生给众人的六句忠告：

第一，人要有敬畏心，如此才能避免轻狂和兽性发作。

第二，人要有主命心，只要立天命就能自己主宰命运。

第三，人要常存善心，因为这是打开命运光明的钥匙。

第四，人要虚心谦卑，因为这是盛装自己福气的容器。

第五，人要戒绝自满，否则纵然能够发达也无福享受。

第六，人要谦恭受教，吸收别人的长处才能壮大自己。

总结全书

古语云："有志[1]于功名者，必得功名；有志于富贵者，必得富贵。"

人之有志，如树之有根。立定此志，须念念谦虚，尘尘方便[2]，自然感动天地，而造福由我。

今之求登科第者，初未尝[3]有真志，不过一时意兴[4]耳。兴到则求，兴阑[5]则止。

孟子曰："王[6]之好乐甚[7]，齐其庶几乎[8]！"予于科名亦然。

[**注释**]

1 志：要有所作为的决心。

2 尘尘方便：处处与人方便。尘尘，像灰尘一样微小。

尘尘方便，哪怕是极小的事情，都要给人方便，大事情就更要给人方便。

3　未尝：不曾经。

4　兴：对事物感觉喜爱的情绪。

5　阑：衰退，尽。

6　王：此处指齐宣王。

7　好乐甚：好乐到了极处。

8　齐其庶几乎：齐国差不多就很好了。庶几，将近，差不多。

[译文]

古人说："有志于功名的人，一定得功名；有志于富贵的人，一定得富贵。"

人之有志，如同树之有根，根深才能够枝繁叶茂，硕果累累。立定了这个志，就应当念念谦虚，处处与人方便，这样自然会感动天地，而造福由我。

现在求登科第的人，一开始就没有真正立志，不过是一时的兴致罢了。兴致来了就追求，兴致消退了就停止。

孟子对齐宣王说："大王您如果好乐到了极处，您就会与民同乐，因为只有与民同乐，您才能够真正地享有快乐；如果您能够与民同乐，则全国上下一心，同德同力，那么齐国很快就会民富国强了！"我对求取科举功名的看法也是如此。

［评注］

这段话的意思是：如果你真的想登科第、得功名，并为此立下大志，以拯世济民为己任，而不是为了个人的荣华富贵，那你就一定能够如愿以偿，做出一番大事业来。

"王之好乐甚，齐其庶几乎！"是《孟子·梁惠王下》中的一句话。全段的内容是：齐宣王说他好乐，孟子就为他论证说，身为国王的他只有与民同乐，才能有真正的快乐。所以，如果他好乐到了极处，他就会与民同乐，如果他能够与民同乐，全国上下一心，同心协力，那么齐国很快就会民富国强，称王于天下。

了凡先生在这里告诉我们，改造命运要有广阔的胸怀，不是为了个人的荣华富贵，而是为了国家富强、人民安乐，这样真正立下大志来改变命运，锲而不舍，就一定能够成功。

改变命运乃是人生最壮丽的事业，我们一定要全力以赴，百折不挠，贯彻始终。所谓诚则灵，专则精，锲而不舍，金石为开。人啊，你当自助！

［命运第 100 道］人人都有百年后，除了烟灰还剩啥！

了凡先生的一部《了凡四训》留给了后人巨大的财富：有志者事竟成，无志者瞎忙乎；有志者立常志，无志者常立志；有志者利国民，无知者利自己；有志者改命运，无志者死宿命。

后　记

　　人生命运是一门学问，我们把它叫作命运学。改命中最重要的四部曲：立命、改过、积善、谦德。中国人不可不知的北宋大家张载的名言，哲学家冯友兰先生称其为横渠四句："为天地立心，为生民立命，为往圣继绝学，为万世开太平"。

　　说起来，人生的困境也就是一不小心开启了小人模式：

　　一是无视天地大道，随心所欲，将任性、野性当成个性，当成自由，实际上是脱轨状态；二是以自己私利立命，把为别人当成了手段，所以难以做到真心至诚，状态也飘忽不定；三是以知识经验观世，没有真心沉入圣贤智慧，没有机缘领悟大道，使用精明算不过天；四是沉陷于个人小圈，没有世界和历史的时空观，自我封闭，画地为牢，向往中纠结着。

　　了凡先生亲证并总结提炼出了改变人生命运的四部曲：

　　若能以天地立心，为生民立命，掌握内求的法门，回归命运驱动的原点；若能清理自心杂念邪念，随时觉察，立马改正，不累积小恶则日益清朗；若能真心行善，掌握行善的智慧，则可形成自己的能量中心，普照所及；如此，则命运景象巨变，只是要小心此时依然有变性危险，要谦德守护！

　　我本人既然走进了圣贤智慧的光明大道，自然要勤学勤修。能够走进圣贤智慧，当然就不能口是心非，更不能做个假样子给别人观看。

　　回顾一下自己的六十年人生，也让命运中的点点滴滴，组成了一条光明的生命场合，也算是对给予我生命与命运机会的贵人们一个交代吧！

降生

　　母亲生我时，已是高龄产妇。奶奶盼孙子望眼欲穿。我的到来给奶奶和父母带来了巨大的惊喜。于是，奶奶给我取小名"可心"。从此，我的幼年就成了娇子——在母亲和奶奶双重的温情娇惯下长大。因为被娇惯，幼小的我反而身体羸弱，好在有父亲的严厉监督，学习还能让老人们放心。几十年后发现，母亲和奶奶的那份我当初看不懂的善良，却已经成了我灵魂深处的烙印！

门联

在我开始学习识字时，家里翻盖门楼，两边留下用水泥抹平的空间，父亲找人用水泥在两边空白处分别刻下四个字：胸怀祖国，放眼世界。这就是我最早学写的八个字。只是没想到，这八个字，成了后来我心中的根基与方向。很多年后发现，就是这看起来简单的八个字，却成了我生命中一直飘扬的旗帜。感恩父亲给我生命植入这八字箴言！

熏染

奶奶与妈妈的善良成了我做人的底色基因。奶奶总是善待别人，那时全国的日子都不好过，遇到灾荒就会有人出门去乞讨要饭吃。时而有人上门乞讨，总听奶奶说："别给人家吃剩下的。"后来长大了一些就问奶奶为何那么说，奶奶说，要饭的都是菩萨。我不解：他们穿得破破烂烂，还是菩萨？奶奶又说，他们都是打扮过的，是来看看我们对菩萨是否真心。妈妈帮人做衣服贴补家用，经常有比较穷困的人拿块布料来，可舍不得付钱，就拿些吃用的东西，妈妈也从来不计较。尤其是到过年前的那段时间，一些孤寡也想让衣服见见新，但又没钱买新的，于是软磨硬泡，妈妈就给他们的旧衣服翻新，把他们高兴得不得了。据我的记忆，妈妈一生从来没跟人吵过架，从不说别人的坏话，只给人帮忙。我的父亲因为历史上的经历，可谓是个多面手，不管做什么工作，都能做到最好。

他能做衣服，能耕地做农活，在当地铸造工厂也是受人高抬的"师傅"，救治了不少没钱看病的人，我也时常在父亲去给人看病时坐在自行车的前梁上被带着去周游。父亲的一身正气加上祖传的"鬼神十三针"和一些药方，治好了许多人。在那个年代，父亲有时要被拉去参加学习班，可从没听父亲有什么怨言，总是乐呵呵的。父亲有时会跟我说一两句：身正不怕影子斜，难道还不相信自己！

大学

1978 年我很幸运地考上了哈尔滨医科大学。这是我第一次一个人出远门，没有人娇惯了，所以在无助中挣扎了将近一年多，然后就开始了野蛮生长，学会了打架（之前在中小学、初中，乃至到了高中，我都是被别人打的，没有还手之力）。我感受到了男生长开的那种张力。虽然打架是不好的，但也许是那时生命张开的一种状态吧。等到后来就把那种打架的气力转移到了工作和学习上。上大学期间，我是年龄最小的几个学生之一，得到不少大哥大姐的照顾，也受到几位极善的恩师的指导，让我知道了人生的一些深奥的道理。老师们无条件地、不遗余力地辅导我的身心成长，以至于若干年后，我成了备受学生敬仰的徐维廉教授最自豪的"作品"。

探命

那时，能上大学就是天之骄子了。在大学期间，自己学习了医学科学知识，但自己的心理出了严重问题，用现在的话说，就是得了严重的抑郁症。后来，得益于基础医学部主任徐维廉教授从北京请来的两位心理学教授（王孝道教授和刘成杰教授），他们二位先生为我们做了一周的心理学讲座，每天晚饭后开始，六百人座位的阶梯教室座无虚席，我也只能拿着坐垫坐在讲台旁边，如饥似渴地吸收着老师传授的智慧。1987—1988 年间我偷偷地开始学习国学，从此开启了我与祖宗和圣贤智慧结缘的新的人生。

蜕变

随着学习圣贤智慧的功力增加，圣贤的智慧终于帮助我战胜了兽性的力量。于是，渐渐地，从自我对自己的放纵到能够控制自己欲望，从自我中心到能够时时替别人着想，从不加节制地发脾气到能够控制自己的脾气，从骄傲自满到能够不断地实现自我突破，从遇事总是指责别人到能够自我反省，从看重名利到一点点超越名利而专心于使命责任，从怨恨别人的责难与坑害到感激那份特殊的历练与教化，从思考问题的"点式思维"一点点进步到线性、非线性、局面、时空的思维，从信口开河到表达严谨再到比较自如直至严肃与幽默，将团结紧张与严肃活泼结合起来，一次次体会"上善若水，反者道之动，玄之又玄"的老子智慧的美妙，一次次感慨人心的核心就是一个"仁"字的精妙，一次次体会"质胜文则野，文胜质则史，文质彬彬，然后君子"的君子性格，一次次体会"无善无恶心之体"的玄妙，一次次体会"格物致知"让我找到的万能钥匙，一次次在圣贤伟人的生命实践中感悟波澜壮阔的人生画卷，一次次在谦卑学习中感受自己的突破，一次次在奉献生命的使命责任中感受心灵的宁静与激情的燃烧。

一个甲子的人生，好像刚刚活完自己的前世一般，好像刚刚将生命的程序安装完成，还在不断升级更新，好像基本人生的程序刚刚能够运转自如。

感恩

从上大学学习开始，我学习了将近十个科学专业的相关知识，又用了至今一半的生命时间游历在中华文化智慧的汪洋大海之中。深切地感受到"科学＋国学""学习＋实践""清空＋遨游""自胜、不争、无为"的人生美妙！感恩圣贤、伟人领袖、英雄豪杰带我进入了广阔的生命空间，让我可以没有时间感觉地去领悟高妙的智慧之光。感恩一众陪伴、陪练的付出，一次次帮我打开我并不知晓的人生之窍，一次次感受光芒照进心田的温暖。

立命、改过、积善、谦德，从白纸、兽性、小人、君子直奔圣贤，这样一个命运的逻辑让我受益，让我重生！感谢了凡先生的智慧指引！我倾心全命接力圣贤的智慧之棒，拯救自己、造福他人，让中华文化的文明之光照耀世界！

　　谨此！

齐善鸿

南开大学商学院教授、博士生导师

天津市社会科学研究院客座研究员

老子道学文化研究会副会长

2022 年 9 月 3 日于南开园

www.ingramcontent.com/pod-product-compliance
Lightning Source LLC
LaVergne TN
LVHW051057180726
843512LV00020B/1513